宗教政治論

葉永文◎著

顧　序

　　在我認識的學生中，永文是相當特殊的一位，他的特殊不是某種「特立獨行」的性格或態度，而完全在於他的「執著」──對於社會學理論知識的執著。他的碩士論文《排除的構造》已將「傅柯式思路」作了相當程度的發揮，現在又更進一步，打算在《宗教政治論》裡，揭露「宗教」與「統治」之間的深層關係。本書的「上篇」體現了永文的這項「理論專長」，他扣緊了傅柯在《統治術》（*Governmentality*）中的基調，一針見血地點出「統治的根源不是來自那種『超越性』的存在，而是來自統治本身」，至於統治的技藝，則可以拆解為「散置化權力」、「戰術的部署」及「主體性道德」三個面向。順著傅柯所提供的線索，永文繼續剖析了宗教在「集體」和在「個體」層次，如何散發出一股無形的權力氛圍，以致世人們幾千年來臣服於宗教的「統治術」下，心甘情願地頂禮膜拜。本書的前三篇文章，需要仔細地閱讀，假使讀者不習慣傅柯式的專有名詞，不必太過於在乎概念本身，以免它遮蔽了論述內容中的洞察睿見。

　　如果讀者熟悉了作者的風格，或許可以發現，看起來非常「理論」的論述，往往反倒是最接近「真實」的

知識結晶。譬如平常隱藏在冠冕堂皇說詞背後的政治／宗教關係，在傅柯式的窺視下，便一一顯露出充滿「統治心態」的原形。本書的下篇以大陸和台灣為例，回顧了兩岸政權對宗教所施行過的統治術，並分別就「道德性」、「謀略」和「強橫暴力」等方面加以評論，與上篇的理論觀點形成對照。一幕幕歷史上的宗教事件經過這番梳理，可看出兩岸的「宗教政策」十分的雷同，其根本的邏輯都與「統治」有關。而這一議題顯然方興未艾，因為前一陣子有台灣政府對「清海無上師」逕行取締，並將若干新興宗教負責人移送法辦的風波；隨後則有大陸當局歇斯底里式地鎮壓「法輪功」，似乎政權保衛戰在此一役的國際事件。上述這幾個案例，本書未及納入，但卻都符應了書中提出的解釋架構。這證明永文由「統治」的角度來思考政教關係，所能夠處理的事物脈絡，的確比傳統從宗教本位或從衝突觀點來析論政教關係還要寬廣，這不能不歸功於他對傅柯理論的「活學活用」。

　　永文再次出書，代表他仍不斷地磨練自己的理論論證能力，最近他參與台北縣社區大學的經營實務，想必對台灣社會中綿密的權力建置有更深刻的體會，並親自嚐到「統治技藝」流佈在組織中的各種滋味。我們期盼：對一個執著的人來說，這些經驗未來一樣可以成為理論反省的素材，是為序。

顧忠華　謹誌
1999 年 10 月於政大社會系

目　錄

上　篇

統治與宗教

第一章

統治術：解讀傅柯

一、統治的技藝

狼看到小羊在河邊喝水，想找一個好藉口把小羊吃掉。

於是，狼站在上游而責備小羊把水弄髒，害得牠沒水喝。

可是小羊說牠是用嘴尖喝水，而且牠在下游是不會把水弄髒的。

聽了小羊的辯解，狼又說：

「去年，你說過我父親的壞話。」

小羊回答說牠那時尚未出生呢。狼聽了又說：

「不管你的辯解是多麼巧妙，我還是要吃掉你的。」[1]

一位君主必須迫使自己去熟知如何地像野獸般的行動，他必須模仿狐狸和獅子，因為獅子不會躲過陷阱來保護自己，而狐狸則不能逃避豺狼的補捉。因此一個人必須像狐狸一樣能認出陷阱，像獅子一樣能嚇走豺狼。[2]

羔羊怨恨猛獸……猛獸會投過譏諷的一瞥，並且也許對著自己說，「我們並不怨恨牠們，這些是好羔羊，我們甚至是很愛牠們的：沒有什麼東西會比嫩羊羔的味道更好了。」[3]

---

[1] Aesop，《伊索寓言》(1995)，吳憶帆譯，志文出版，p.62。

[2] N. Machiavelli, *The Prince.* (1935)，書林翻印，p.92。

[3] F. Nietzsche, *The Genealogy of Morals.* (1964)，N.Y.: Russell & Russell, Inc.,

第一個故事是在敘述強者所具有的蠻橫暴戾性。不管弱者如何的自我辯述，強者總會用無盡的藉口加諸於他。然而這藉口並不是要讓對方去提出抗護，而是爲了合理化自己無理的行爲，其所要說服的對象不是弱者而是自己，因爲權力已經界定了兩造之間的關係，一切皆注定好了。抗辯只是在揭示強者的蠻橫，只是讓強者的暴戾展現出來而已。第二個論述在於指出統治者的治術二重性。王的雙面利刃就表現在此：既善又惡，狡猾計倆被施行於抗力的排除，而強大氣勢在於貫徹其權力意志。因此王玩弄謀略來蒙蔽人民的意向以使其混淆不明，同時輸入意志的闡述來導向人民方位的轉轍。所以統治行使的不可見性滲入了鬥爭場域的另一端，而其權力的可見展示又封閉了意志施行的逆轉。第三個敘述在於套上了主人的道德性。在主人的和善面孔內包容了各種的差異，並且也只有差異的存在才能彰顯出權力的必然性，因爲權力必須透過權力場中各端的角逐激盪方可生成，所以主人的自我證明便在於權力的施行。因此，主人的道德性是一種自我肯定、肯定存在、以及肯定權力場上的所有關係。愛民如己，只因爲民皆爲我所有。

強橫、謀略、與道德性構造了傳統在權力運行上的有效統治，這是一種由上而下的統治方式，是歸屬於絕對權力的展示。如同霍布斯(Thomas Hobbes)所言，王的「無限

權力」必然是防止「全體對抗全體」(all against all)之危機產生的唯一選擇[4]，因此王自居為「牧羊人」(pastor)來管理他的羊群，聚集與引導他的牲畜並且總管其生殺大權。所以只有王能開口說話，而人卻必須啞口無言。這是攙雜了暴力的本質和偽善的謀略並且塗上了一層道德性色彩，馬基維利(N. Machiavelli)說的好，「王必須既為人民愛戴，又被他們所懼怕」[5]，這種令人敬畏的神秘感[6]牽引住了權力場的兩端，使得雙方不會遠而疏離，也不會近而越位。

如同涂爾幹(E. Durkheim)視宗教為社會一樣[7]。經由絕對主體的展示之後，王的意志戴上了國家的面貌，王即是國家。於是，國家使王退隱成為不可見的幕後黑手，並且創造了集體意識[8]來掩蓋暴力的行使方式。韋伯(Max Weber)

---

[4] 霍布斯認為，雖然無限的權力會伴隨著許多不良的結果，但是若缺乏這種權力則可能會使得人人常久相互為戰，所以在缺陷影響取其小的情形下，賦與王以絕對權力的行使是唯一的選擇。參見 T. Hobbes, *Leviathan* (1985), N.Y.: Penguin Books, pp.251-61.

[5] N. Machiavelli, *The Prince*. (1935), p.90.

[6] 「令人敬畏的神秘」(mysterium trmendum)是取自 Rudolf Otto 的用語。該詞同時意指著對某事物既有著敬仰與趨近的體驗，又對其具有戰栗與恐怖的感覺。這尤其是指涉到對超自然不可知現象的承攬時，所產生的一種宗教感受。參見 R. Otto, *Idea of the Holy* (1950), Oxford University Press, pp.12-24.

[7] Emile Durkheim, *The Elementary Forms of the Religions*. (1965), N.Y.: Macmillan.

[8] 集體意識(collective conscience)是涂爾幹在處理共同道德的議題上所提出的觀點，它所指涉的是群體成員之結合與交融而成的共同信仰與情操之整體，爾後該整體似乎有其自身的生命，並且外在於、強制於個人。參見 E. Durkheim, *The Division of Labour in Society* (1984), pp.38-39. 此處借用此觀點是在於強調國家的偽善性，因為集體意識不再是人群的共識，

指出了對國家的界定主要是在於直接的武力施行，「國家是一種以正當（這是說，被視爲正當）的武力爲手段而存在的人支配人的關係」[9]，因此國家是王之意志行使所及的界限，而集體意識則反映出了一種外在秩序的建構，並且中介了「被視爲正當」的武力爲手段，結果「此一外在秩序就只能夠以赤裸裸的暴力來加以維持」[10]。

所以，不管是王的自我保存或以國家理由爲藉口，皆是謀略地在執行一項正當化權力的貫徹，並且用冠上道德性的集體意識來強化人民的順從。因此構造一種堅實的統治網絡在於強橫、謀略、與道德三者的並行交互指涉，缺乏任一則會造成權力貫徹的不穩和疏漏，譬如擁有謀略與道德而缺少強橫，人民便不會心存畏懼，並進而對上位者予取予求；若有強橫、道德而無謀略，則行事便會事倍功半，且統治的雙面性或兩手策略便將無法連結；同樣地，空有強橫、謀略而無道德，統治的暴戾將會敞開於天光而被人民所憎惡與不服。於是，強橫將統治焦點集中於死亡，謀略則在於製造對死亡的恐懼，而道德便介入對死亡恐懼的撫慰與馴服。

既然傳統的統治術是一種由上而下的行使方式，那麼就強橫、謀略、與道德性而言，又是如何地被展現出來呢？

而是國家的創造。

9　Max Weber，《宗教社會學》(1991)，康樂、簡惠美譯，遠流出版，p.172。

10　Max Weber，《宗教與世界：韋伯選集 2》(1992)，康樂、簡惠美譯，遠流出版，p.144。

當然，要整體的呈顯和釐清這問題將會超過本文的負荷，而且本文的側重點也並非在此。但是為了指出一些倪端，我們仍必須從統治的根源著手。

綜觀西方歷史以降，所有的統治機制莫不是出自一種涉及「終極價值」的宗教中心命題而發[11]，不管是神權、極權、或民主統治，其合法性基礎皆來自上帝或神、主義或國家等等的那種超越性(transcendent)之宗教道德。這種超越性的宗教道德便是統治的根源，並且它也是使得持續性統治能夠成功的保證，譬如 Keith A. Roberts 舉例說道：「美國人的生活方式(the American way of life)和美國夢(the American dream) 提供了生命的一種意義、目的、和價值感。國定假日被全力投入的去慶祝，而當國歌演奏時淚涕俱下。個人可能從屬於不同的組織團體而來為維持與促進愛國心和頌揚美國而努力，人們依循著他最高的價值和最深切的忠誠來愛這個國家」[12]。其實霍布斯早已指出，偉大的利維

---

[11] 這種「終極價值」的宗教中心命題並非僅只指陳「彼世的」或「超自然」存在的他者(other)而言，它也還包含著「此世的」、「自然的」超越性存在的指涉，當然這就牽扯到宗教定義的問題。一般的宗教定義可區分為「實質性定義」與「功能性定義」(此外尚有「象徵性定義」)，「實質性定義」所指陳的對象較為窄化，要求一種彼世的、超自然概念的界限；而「功能性定義」所界定宗教的範圍則較具廣泛和含括(broad and inclusive)，其主要是由「終極價值」來界定，所以諸如國家主義、資本主義等皆能歸入此種定義範圍之內。參見 Keith A. Roberts，*Religion in Sociological Perspective* (1990), Wadsworth, Inc., pp.3-26. 本文所指涉的統治機制之終極價值的來源，在宗教層面上便是屬於一種「功能性定義」的運用。

[12] *Ibid.*, p.6.

坦(Leviathan)就是可怕的上帝(Mortall God)[13]，它們同樣是提供給人們「終極價值」的意義來源，也是對其施以暴力恐嚇的擔綱者。因此這種中心超越性的道德意涵便賦予權力行使之由上而下貫徹的絕對性，而且該絕對性也範定了人們所能採行自我保存的生命界限，所以「一個人臣屬於另一個人的目的就是爲了保存生命，每一個人對於那擁有生殺大權的人都必須允諾地服從」[14]。

生殺之權是源自於古老的父權形式而在統治者身上表露無遺，這是一種絕對的、無限的、與不對稱的權力展示，死亡是它的回答。「君王擁有支配生命權力的證明只有透過擁有死亡權力的表現來獲得」[15]。這是一種強橫暴戾的權力宰制，其所訴諸的理由卻是那種無法觸及的宗教道德，於是可見的權力展示是建基在不可見暴戾之根源，而權力施爲的不斷再生產又持續合法了那「終極價值」，這種交雜生成的持續性過程必然有著統治策略的介入。因此可知，強橫、謀略、和道德三者的組合構成了統治術的最完美表現。

強橫、謀略、和道德是有效統治的三種不可分離的技藝，它們貫穿了西方政治發展史上的各種統治類型，雖然不同的統治模態會對所行使的技藝有著不同的側重，但是

---

13 Hobbes, *Leviathan*. (1985), p.227.

14 *Ibid.*, p.254.

15 M. Foucault, The History of Sexuality Volume 1: An Introduction. (1990), N.Y.:Vintage Books, p.136.

若想讓統治能夠持續性經營卻是缺一不可。然而時境變遷，當代的統治根源不再如昔，因為「終極價值」的宗教中心命題已破碎消散，誠如尼采昭告世人「上帝死了」，並且聲稱那些終極價值與規範意義的主體已不存在，他說：「對一種單一主體的假定也許是不需要的；也許它應被允許去假定眾多的存在主體，而這些主體間的相互影響和鬥爭，難道不是我們的思惟與意識的普遍基礎嗎？」[16]，因此，絕對主體的神話已經被破解，而有的只是各方「超人」(overman)透過力的對抗來重估一切價值。所以，價值的重估是否會讓統治的技藝有著不同的呈現，這是底下我們所要去探討的，而傅柯(Michel Foucault)的觀點便是本文採行的一條線索。

二、傅柯的統治術

傅柯在論〈統治性〉(Governmentality)的這篇文章中指出，「統治術不在於去那超驗法則、宇宙模型、或哲學道德理念中找尋它的基礎，而代之以在那構成國家的特殊現實中來尋獲其合理性原則」[17]，也就是說，統治的根源不再

[16] F. Nietzsche, *The Will to Power.* (1968), N.Y.:Vintage Books, p.270.
[17] M. Foucault, "*Governmentality*", G. Burchell, C. Gordon, and P. Miller (ed.), *The Foucault Effect : Studies in Governmentality.* (1991), Chicago: University of Chicago press, p.97.

是來自於那種「超越性」的存在，而是來自統治本身，來自構成統治形態的所有內在事物(things)。因此，統治便意謂著是在處理或管理那些事物，但這不是一種由上而下並且透過外在秩序的建構來加諸於人的方式，而是訴諸統治內部策略(tactics)的羅列，這種羅列是在於事物的部署(disposition)[18]。

所以傅柯便認為這種統治術是與傳統上君王的立場相對立。從馬基維利的觀點來講，君主的統治機制是必須建立在王與其權力施展對象之外在和超凡的關係上，王要同時具備狐狸與獅子的性格。然而就傅柯看來，這種外在和超凡的關係只是一項脆弱的連結而且勢必經常的被挑戰，因為王和他的對象只能是一種「擁有」(possession)的關係，王必須去「擁」才會「有」，而這種距離化的展現使得王不得不以無限權力和絕對排除來捕獲；相反地，統治術則體現為一種內在性與多樣性的權力展示，它並不須要去擁有其權力施展的對象，它本身就是「是」，所以這種非距離化的關係使它能夠去持續地激發權力的生產與深入其統治範疇的各個層面。因此傅柯強調這種統治關係並非只是王與其對象之間單一的外在性關係，而是內在多變且涉及極廣之「家庭的家長、修道院長、兒童與學徒的老師或師父，因而是有著多樣的統治形式 ，君王與其國家的關係只

---

[18] 這是關連到傅柯的權力之微觀物理學(micro-physics)的設定，他認為統治是來自統治內部各個機制相互配置與指涉的行使，如監獄、醫院、學校、工廠等所展現出來的管理形態。關於這個議題，下文中會再探討到。

是其中一項特殊的模式罷了，另一方面，凡此統治皆內在於國家或社會」[19]。是故，這種統治特徵可說是屬於全面性的管理形式，因爲它所涉及的不僅是人，而且更是包含著人與人、人與事物之關係和連結。所以若當我們試圖想去尋找那統治的終極價值時，傅柯必會回眸一瞥說：「統治，已有其自己的終極性(finality)」[20]。

　　既然統治的根源不在其外，而在於統治自身，那麼本文隨之便可以從傅柯的統治技藝來直接地加以探討。就前述文脈的鋪陳中可得知強橫、謀略、與道德是構成傳統統治術上完美結合的必備要素，然而在傅柯的統治術中由於統治的根源不同，其統治的技藝當然也就會覆上了不同的指稱。因此，底下本文便試圖從「散置化權力」、「戰術的部署」、及「主體道德性」等三面向分別地來窺視傅柯的統治觀，然而此間必須注意的是這三面向並非可構成相互獨立來呈顯，在傅柯的思想中，它們是互爲交錯依侍的，這裡粗略地區分它們只是爲圖行文對照之便。

(一) 散置化權力

　　傅柯提出了 「權力的微觀物理學」論點可說是完全對比了具大寫 Power 的傳統權力觀，傳統權力觀所指涉的是

[19] M. Foucault, *"Governmentality"*, G. Burchell, C. Gordon, and P. Miller (ed.), *The Foucault Effect : Studies in Governmentality.* (1991), p.91.
[20] *Ibid.*, p.94.

一種集中式地由上而下的行使路徑，並且有著權力零和理論看法的引入，這種零和權力觀限定了兩造對抗的界限，「一方權力大，另一方便小」。傅柯認為，權力是關係性的、相互激盪的，是生產性的，是沒有任何界限的，而且「它來自一切方面 (it comes from everywhere)」[21]，若將它拿來和國家這個抽象概念做對照時，更可說它「來自一切下面」。因此，權力不再由上而下，而是自下往上(power comes from below)[22]，權力之「往上」和「而下」的不同是在於它並非由國家意志所指使，反而只是因為來自下面的「權力關係越來越落入國家的控制之中」[23]，於是國家便成了是對權力的收編而非製造了[24]。所以權力無所不在，而監獄、醫院、學校和工廠等等都是權力局勢(power situation)的發散域，其間的權力只能被行使而非個人所能擁有，因此權力被散置化了。

權力的散置化打破了傳統權力之外在連結的統治關係，現在它正施展著內在連結的馴服魔力，「統治

---

[21] M. Foucault, *The History of Sexuality Volume 1: An Introduction.* (1990), p.93.

[22] *Ibid.*, p.94.

[23] M. Foucault, *"The Subject and Power"*, Hubert L. Dreyfus & Paul Rabinow, *Michel Foucault : Beyond Structuralism and Hermeneutics* (1982), Chicago: University of Chicago Press, p.224.

[24] 傅柯在另一篇文章中也提到了這個問題，他說：「國家是一種被集中，且本身具有集中能力(centralisateur)的權力政治形式」，也就是說，我們應該將對權力關係的探討轉向個人，轉向個人之權力技術的發展方向上。參見〈全體與單一〉一文，《當代雜誌》57 期，頁 50。

(government)[25]的最顯著要點在於權力的多樣化和表現在實踐中所需要的知識，以及對服從的引入」[26]。這種統治既是對日常生活態度的營造，也是被生活態度所養成，所以統治的貫徹既是個別化又是全體化，它使得每一個人都清晰可見且又同時整體地呈現出來，但是它的權力施為卻總是被隱藏而不可獲見[27]，因為統治權力是屬於陰暗和內在的領域，也唯有如此才能極大化其實踐的貫徹職能。所以，這種散置型態的統治部署將是更為強橫地貫穿個人的肉體(body)與心靈(soul)，由於權力不是來自外部以施給人們的沉重壓制，而是從擴大其接觸面所增強的職能來巧妙地體現在他們之中，而這種體現之巧妙處就在於連權力建構者本身也被涉入其中[28]，如同傅柯所說的，「該構想及所有運用其中之設計的諸面向上，的確是非常的強橫暴戾。……

---

[25] 其實 "government" 有管理、統治等之意，而在本文中這兩種譯語也會交互的使用，「管理」主要是用在對於個人自我控制的層面上，「統治」則是用在對機制與人的控制關係狀態當中。

[26] P. Miller & N. Rose, "*Governing economic life*", M. Gane & T. Johnson (ed.), *Foucault`s new domains.* (1993), H.Y.: Routledge, p.77.

[27] 統治權力的隱祕性是對比於傳統權力的可見展示。王的可見權力代表著統治主體的自我證明，並且對其統治對象有著示戒的作用；而權力隱祕性在於統治濡化的強調，使統治對象不知不覺地被扯入，並也直接參與了統治場的建構。

[28] 這裡可由李歐塔(Jean-Francois Lyotard)的「語言遊戲」(language game, 此語來自於 Wittgenstein)論述來闡明。語言遊戲及其規則都是由參與其中的遊戲者所建構出來的，戲局的構成之根源並非取自外部，而是來自成員間力量的角逐，因此此規則成形後每一個人(包括製定規則者)便被涉入其中,否則遊戲就無法進行。參見 Lyotard, *The Postmodern Condition: A Report on Knowledge* (1986), Manchester University Press, pp.9-10.

這種權力運作使得每一個人都被困於其中，不僅包括那些行使權力的人，同時也包括那些屈從於它的人」[29]，因此這種統治的強橫性不但以個別地又全體地刻痕在人的肉體與心靈上，而且人人無一倖免。

　　當然，權力行使的統治化情境是經由社會組成份子參與建構所達成的一種持續擴大的集結狀態，這種集結狀態表面上是為了增加大眾的福祉，但實際上卻是更強化了對份子的個別性桎梏，因為持續擴增的各個統治機構不斷地將權力刻痕在成員身上[30]，於是可以這麼說：人們所參與的統治化經營將會同時地塑造未來的幸福以及附帶著一副鏈鎖。B. Smart 就指出，「統治在關連到人口福利的意欲或目的上已經變得更為牧民，譬如對(管理所需之)測量技術的引入與施行，都是為了增強生命活力、改善健康和提高財富」[31]，其間之「牧民」的先決條件是人民的沈默、遵循與服從，並且對測量技術的引入和應用也將人給數量化與檔案化，人的幸福和人的機器化在這一交會點上融合。接著統治的

---

[29] M. Foucault, *Power/Knowledge:Selected Interview and Other Writing 1972-1977* (1980), Gorden, C.(ed.), N.K.:Pantheon Books, p.156.

[30] 其實這可以從人的成長過程中看出來，包括還在娘胎裡面。出生前經由產檢開始到出生後的戶政登記，後來的學校、軍隊、服務處所、退休後的老年照顧和死亡等，其間還有各式各樣所須接觸到的機構，這些權力機構不斷地在人的身上烙上刻印，並且還在持續地擴增，直到屍骨揚灰時仍不停止。當然這些機構是為人群服務而來，但也伴隨著權力的加諸，而人卻毫無知覺並感到愈來愈不能沒有它；人為自己掘井止渴，卻一頭往下栽。

[31] B. Smart, *Michel Foucault.*(1985), London:Tavistock, p.129.

暴戾性就展現在此：由人所參與建造的統治機構卻無法由任何「人為權力」來操縱，反而所有的權力施展卻都由各個散置機構自己來呈現。傅柯已經很清楚在「全景敞視」機構的部署中展示了這種權力場的宰制情景，即使是處於最高位的監視者也受到監督，他也是被置於這個權力場中，被一種權力局勢所制約，而參與其間的每一個人都是這種權力局勢的載體，在機構中「沒有任何普遍的「人物權力」能夠在操作上和知識上，以及在探究上來被執行著」[32]，並且「這個新的權力是持續性的、訓育性的、和匿名性的。任何人只要是站在一個恰當的位置上都能去操作它，而任何人也都將臣屬於(subjected to)這個機制的支配」[33]。

所以，統治化過程使得人愈來愈多地受桎梏於其所建構出來的創造物，因為這些被創造出來的機制似乎獲得了自身之固有法則性而能持續地運轉自如，這是人為自己所打造出來的枷鎖，並且難以再從中脫困。由於機構的散置各處而能使其權力貫穿社會並四處流竄，這可從麥可曼(M. Mann)的「基礎權力」(infrastructural power)所展現出來的統治模態看出，他認為這種權力將具有準確滲透整個市民社會的能力，而任何人的生活行為、訊息及收入等等都經由它而透明化[34]。因此散置化權力並非是權力的分散與弱

---

[32] Hubert L. Dreyfus & Paul Rabinow, *Michel Foucault : Beyond Structuralism and Hermeneutics* (1982), pp.159-60.

[33] *Ibid.*, p.189.

[34] M. Mann, *The Autonomous Power of the State: It`s Origins , Mechanism and*

化，相反地，透過這種散置關係的配置與連結將更能強化其暴戾權力的持續生產。於是，統治的強橫性如洪水般地全面籠罩於個人，在傅柯之「雙重枷鎖」(double bind)的觀點底下[35]，任何人都逃不掉，也別想逃。

(二) 戰術

傳統權力是建基在君王的專斷謀略之上，其絕對王權擁有「無法的權力」(the unlawfal power)，它建立律法又逃離律法；王使自己置於律法之上並且依其好惡來決議一切，而人民卻深受律法規範的桎梏。這種不對等的權力謀略只能套上統治的外部連結，是無法滲透到對下層權力關係的部署上。傅柯在論述權力、知識與言說的關係時提出了另一種觀點，而該觀點或許將能提供更有效的技術來化解這個統治難題，他說：「簡言之，我們要採行一種新的權力觀，也就是以目的觀來取代律法的特權，以戰術效力觀(the viewpoint of tactical efficacy)來取代禁忌的特權，以對力量關係的大量和流動場域之分析來取代那至高性的特權。……

Results. (1984),European Journal of Sociology, pp.189-92.

[35] 在〈主體與權力〉一文中，傅柯指出這個概念所表明的是現代權力結構的個別化和整體化同時並行地施加於我們身上，如同兩道鎖般的注入與束縛著個體。他說：「今天，我們的目標不是去發現我們是什麼，而是去拒絕我們所是」。參見 Foucault, "*The Subject and Power*" 一文，收錄於 Dreyfus & Rabinow, *Michel Foucault: Beyond Structuralism and Hermeneutics* (1982), p.216. 當然這是一種對於權力解放的期待，然而似乎這也只是烏托邦的幻想而已。

放棄律法的模式，採行戰略的模式(the strategical model)」[36]。

　　在統治的架構底下，傅柯區辨了「戰術」(tactics)與「戰略」(strategy)的關連和不同使用範疇；「戰略的調節必須考量著可能的戰術之特殊性，而戰術的條件必須藉由總體戰略來使其發揮作用」[37]，「戰略上，人們能夠把戰爭視為國家之間政治交往的一種方式；戰術上，人們也能夠把軍隊視為維持市民社會無戰爭狀態的要素」[38]。由此可知，傅柯把「戰略」定位在總體範疇和國家之間政治交往的應用上，「戰術」則是屬於特殊範疇和市民社會中的部署情形，然而兩者又必須是相互指涉並且相互調節的。所以，針對散置權力所加諸於個體層面的觀點上，戰術便成了統治技藝的切入點。

　　戰術，就是一種針對人員事物在時間上和 /或空間上的部署，而部署的目的就在於對權力貫徹的經濟學運用，因此戰術發揮著一項生產的職能，並且也使得每個人都被極大化其訓育效用。傅柯就指出，「戰術作為一種建構的藝術(the art of constructing)，是藉著被定位的肉體、被編碼的行動和被訓練的能力來構造各種的機制，而這些機制是透過各種力量間的計算組合來提升其效果的，所以戰術無

---

36 M. Foucault, *The History of Sexuality Volume 1: An Introduction.* (1990), p.102.

37 *Ibid.*, p.100.

38 M. Foucault, *Discipline and Punish: The Birth of the Prison.* (1979), N. K.: Vintage Books, p.168.

無疑是規訓實踐的最高形式」 [39]，因此，戰術強化了那些對人員的規制，並且在其肉體上畫滿了權力的橫縱軸，它創造了一種人體藝術學而來意圖對人的重塑。

在每個教室裡，座位是根據所有課程及所有學生來安排的，所以凡是上同一門課程的學生總是坐在同樣的位置上。而上最高等課程的學生將被安置在靠牆最近的凳子上，其他學生則按照課程等級依次向教室中心排列……每個學生都將有為他所指定的座位，除非得到命令或經學校督導員的同意，任何學生皆不可離開或改變其座位。[40]

這是教室裡面的分類情景，其間每個學生都依其學習需要而有自己的位置，戰術的部署在這裡所展示出來的是一張既區隔又關連的「活物表」(tableax vivants)。

向前舉槍有三個步驟。第一階段，用右手舉起槍，持槍時使槍貼近身體是為了使它與右膝保持垂直……第二階段，用左手把槍帶到你的前方，槍管位於兩眼之中間……第三階段，左手沿著大腿落下而離開槍，接著用右手舉起槍，槍機向外…… [41]

這是透過對於舉槍術的前後細緻描述來說明士兵操練

---

[39] *Ibid.*, p.167.

[40] *Ibid.*, p.147.

[41] *Ibid.* p.153.

之肉體的分解動作，整個過程的演練目的是在使時間配置產生了一種即斷裂又連續的自動化歷程。

從上述兩個傅柯所引用的小故事中可看出，在戰術的部署上是如何地結合與體現於權力施展的橫縱軸上，以及那些被客體化了的對象物又如何地在時間和空間向度上被處置。這是一項權力的謀劃，是權力合理性與戰術合理性的苟合，是參入了計算、經濟、生產、訓育的大合併，是知識的運用統籌。所以戰術是屬於知識的鋪陳，一方面是藉由知識所生產，同時又再生產著知識。

因此，經由權力／知識所架構出來的戰術部署貫穿了每一個存在個體，這是被解剖的個體，是先支解了肉體再重新組合；於是農民可以成為戰士、流氓無賴可以成為城市新貴，這是一種全新的人，即適合於統治與被統治的人。透過這種戰術的部署，統治機器一旦開啟便可以持續的自動運轉，因為每個人都涉入其中並且參與建構，既監視著這部機器同時也順服於它的統治。總之，戰術的部署範圍含蓋了所有人，即使是佈局之人也在其間擁有自己的位置，所以就傅柯的觀點而言，在戰術的部署中，不存在局外人。

(三) 主體道德性

就傳統的統治術而言，道德的參考點是來自於那中心超越性之存在， 如上帝、國家、或其它集體意識等等，這些皆可做為統治道德性的根源而來正當化其權力的貫徹。

然而，當絕對主體神話的破解而使得該統治能展現其終極性之後，道德的參考點便取自統治本身，也就是說，在現代統治的過程中同時地也就是在塑造人成爲一道德的主體。統治化即道德化。

傅柯在他的後期關於「性論述」(sexuality discourse) 的一系列作品中，主要便是在探討著人是如何地把自己看成爲一個可塑造的對象；人先把自我給對象化(objectivation)來加以塑造，目的是在於達成一種「道德人」的呈顯[42]。這是藉由持續不斷與自我技術的構成，是人試圖去控制自己的一套「人身的政治技術學」(the political technology of the body)。因此傅柯認爲他的那些作品依其總體架構看來就是一部道德史，他指出了道德的一個非常重要面向就是「人與自我之間應有的關係，我稱之爲倫理，這種關係是決定著個人應該如何把自己建構成爲自身行爲的道德主體」[43]。由此可知，對道德主體的建構是取決於人與自我對象化之間關係的塑造，而這種塑造又必須要有人之主觀意識的參與，所以「沒有任何的道德指引(moral conduct)不要求把人

---

[42] 傅柯在對他的一篇訪問錄中指出，主體的對象化基本上是存在於三個領域中。「首先是就建構我們藉以成爲知識主體的真理而言有關我們自己歷史的本體論；其次是就建構我們藉以成爲影響別人的主體的權力領域而言有關於我們自己的歷史本體論；第三是就建構我們藉以成爲道德主體的倫理而言的歷史本體論。」參見 Dreyfus & Rabinow, *Beyond Structuralism and Hermeneutics.* (1982), p.237. 本文此處的論述是在於這第三個領域中關於道德主體的對象化問題上。

[43] 轉引自 Hubert L. Dreyfus & Paul Rabinow, *Michel Foucault: Beyond Structuralism and Hermeneutics* (1982), p.238.

本身作爲一種道德主體來形塑，也沒有任何道德主體的形塑不需要以『主觀化模式』及其所依賴的 『苦行』，或者說『自我實踐』來支撐它們」[44]。但是這種塑造技術又是從何而來呢？傅柯死得早，對此並沒有提供給我們多少訊息 [45]。然而從他先前的著作中可以找到一條迂迴路徑的切入點，這個切入點對於統治道德性論題的鋪陳和連結或許是會更爲的深切。這就是「自我規訓」(self-discipline)。

強橫暴戾提供了一種外在強制力的灌輸，然而對於統治對象而言，它只有具備規訓的表層性揉捏功用而無法有效地影響個人的內在深層，只是造就了柔順的肉體而非馴服的心靈。所以，道德的撫慰作用就持續了外在強制力所無能企及的深處，一種擴散性的全面馴化。外在的終極價值已被移入個人內心，而成了一種永恒的自我規訓之源。韋伯就認爲新教倫理把人從「自然狀態」(status nature)轉爲「恩寵狀態」(status gratie) 所呈現出永恒的生活指引是必需以「全面系統的自我控制」爲代價，其所須背負的不但

---

[44] M. Foucault, *The History of Sexuality Volume 2: The Use of Pleasure.* (1990), N.Y.: Vintage Books, p.28.

[45] 傅柯描述了道德化的兩種形式：行爲準則形式和主觀化形式。在行爲準則方面，道德是來自於對準則的實踐，並以該準則爲範本，而主觀化只是以一種半法律的形式來發生作用。在主觀化方面，極其強調的是一種活躍的主觀方式與自我修練的道德，相對地，這裡的行爲準則就較不重要了。這兩種形式在不同的時期，可能有時會並行共存或妥協，有時會相互的競爭或衝突。因此傅柯便指出，古希臘－羅馬時期所強調的道德化形式是更趨近於自我實踐和修行的問題，在基督教時期則是兩種形式並重。參見 Foucault, *The History of Sexuality Volume 2.* (1990), pp.25-32. 然而，對於現代時期的道德形式問題，傅柯在此處卻給我們留下了空白。

是屬於一生的善行，而且還應該是一種完整體系的處世施爲[46]。於是「恩寵」就被體現爲一外在力量的產物，「自我控制」便是內在規訓的表現方式，這種施於個人之內外控制的預定論狀態排除了透過塵世、教會或上帝來幫助達成救贖目的的任何可能性，結果是導致這個獲救徵示只能訴諸自己。

同樣地，在傅柯的「全景敞視」裡面，不斷強化個體的內在可見性使完美的監督成爲可能。透過空間場域的編排，在場與缺席的界限被打破來造成了監視機制的不確定性，而這種不確定性使得監督與被監督者的角色倒轉其位置的功能展現，因此這種混淆視線的模糊感就像預定論所引發的緊張性一樣，形成了個人內在之持續可見的印象效應以促使個人成爲自己的看守者[47]。傅柯指出「它（全景敞視）的力量就表現在它從不干預，它是被自發地實踐著並且不發出任何聲音，它建構一個能夠產生連續效應的機制。……它給予『精神支配精神的權力』(power of mind over mind)」[48]，這是自我規訓的展示，而這項實踐的有效性是在於針對一種「全人」管理式的塑成。

所以在強化主體道德的實踐層面上，對於內在的管理就比外在的規制更爲有用，就如帕斯魁諾(P. Pasquino)所強

---

[46] Max Weber, *The Protestant Ethic and the Spirit of Capitalism.* (1978), N. K.:Free Press, pp.115-8.

[47] 這可以從傅柯所描繪的全景建築構造中清楚地看出。見 *Discipline and Punish* (1979). 第三部分第三章，附圖則收錄在前一章中。

調的主體性之問題設定(the problematization of subjectivity)中所言:「也就是說,就像自我反省形式之再建構的行為,該行為是一種生活態度之模式的起源,在這裡應被考量的是『自我管理』(self-government)的觀點而不是(外在)『規訓』(disciplines)」[49]。因此,在邊沁(Bentham)的「圓形監獄」圖像底,對犯人的改造施為就在於自我管理機制的啟動,因為他使這外在的壓制烙印給心靈並且自動地施加於自己身上,最後更導致心靈的馴化,也就是便於統治之主體道德性的養成。

這條迂迴的路徑可以約略地清楚了主體道德的塑成技術。主體道德性提供著一種統治價值的來源,權力的施行不再訴諸於外便可以逕行地運轉,而運轉的維持不斷便在於永恒的「凝視」 (gaze),這是權力之眼也是道德之眼。主體之道德將不可見的自我敞開於天光之下,身體與心靈已成了可見之權力、道德的展示場,既對他者展示也對自己展示。 因此,統治的道德性由外在的馴化轉為內在的馴服,個人由被動的控制轉為主動的自我管理,這是統治的高明之處,因為它使得每一個人都被囚禁於自己的道德監獄,而看守者便是自己。

從上述可知,由「散置化權力」、「戰術的部署」和「主體道德性」所構成的統治技藝不再是塑源於那種宗教

---

[48] M. Foucault, *Discipline and Punish: The Birth of the Prison*.(1979), p.206.
[49] P. Pasquino, *"Michel Foucault (1926-84): The Will to Knowledge"*. M. Gane & T. Johnson (ed.), *Foucault's new domains.* (1993), p.41.

中心命題的存在，而是訴諸於統治自身，訴諸於統治技藝間的相互指涉，或者如傅柯所言，統治的終極性已存在於它所統治的事物之中。統治術已摒棄了那種被動性格，而現在正主動的自行運轉中：以一種持續的、不間歇的、無止盡的方式來極大化自身，處於其間的人也以同樣方式來禁錮自己。這是統治的最高段體現，是完全不需要任何外在監視機制的操縱，因為所有的人都相互監視也自我監視；是不再需要那個主宰的中心，因為每一個體皆自成為中心。全部個體化也全部(去)中心化。傳統統治的陰暗面已不存在，現代的統治是完全的敞開，傅柯在描述邊沁「全景敞視主義」(panopticism)的設計意圖時指出，「那是一個透明社會的夢，它的每一部分都清晰可見且曉暢易讀，這夢裡不再存在著任何黑暗的地帶……。這是每個人不論身處何地都可以看見社會整體的夢想，是人們心靈能相互溝通的夢想，他們的視野應無所阻礙，以及所有的輿論都能關照到每一個人」[50]，這是一種完全敞開的社會情景，每一個人都被可見、可聽、可聞。

現代社會都由統治機制所充滿，規訓社會成了統治社會，因此傅柯就深刻體認著說：「也許對於我們的現代性，也就是對我們當下之真正重要的不是在於社會的國家宰制，而是國家的「統治化」(governmentalization)」[51]。這兩

---

[50] M. Foucault, *Power/Knowledge: Selected Interview and Other Writing 1972-1977* (1980), Gorden, C. (ed.), p.152.

[51] M. Foucault, "*Governmentality*", G. Burchell, C. Gordon, and P. Miller (ed.),

個「也許」是否意涵著傅柯對當下社會情境的哀怨呢？是否現代性的最新命題已被他所發現了呢？還是傅柯看出(或根本就是造出)一種統治的新形式並且來昭告於世人呢？不管怎樣，他至少是論述了一套不同於傳統的統治術，其間之既整體又細緻的戰術部署掀開了個體的可見模態而無一盾形，並且無聲息的影響著人之內在道德的自我建構，而這一切都被展現在散置化權力的施爲策略之下。所以，統治已化爲無形，它讓人感覺不在實卻處處皆在，即便人能夠回眸一瞥，也不再能記起些什麼。

三、小結

我們真的是生活在一個完全統治化的社會底下嗎？還是傅柯戲謔地送給我們一個未來社會的可能圖像呢？其實從對傅柯論述的理解中看來，統治並不是那麼的無懈可擊，「統治化」是一種馴服的過程，然而這也隱含著尙有未被馴服部分的存在才需要去馴服，而「持續統治化」更意謂著個體中可能存在著的反抗根源，如佛洛伊德(Freud)所說的原慾(libido)一樣。吊詭的是，人們既建立權力機制而又想盡辦法來逃避它。

傅柯設定了權力施行必然會有反抗，權力是存在於對

The Foucault Effect : Studies in Governmentality. (1991), p.103.

抗的關係狀態中，「如果沒有那種違抗的特點，亦即那種逃脫方式的存在，也就不可能有權力關係的存在」[52]，所以陷入統治之中的人並不是機器人，儘管在自我規訓的過程中，思維被用於反省自身，但是內在的靈魂卻從未停止運作過。同樣地，傅柯也認為傳統的那種主權形式絕不可能因為新統治術的出現而完全消失，主權形式總是以一種殘餘的範疇體現在各處，但是「在一個長期且遍及整個西方的趨向中，此種可稱之為統治的權力型態正穩定地逐漸凌駕於所有其它(主權、訓育等等)型態的過程而未曾稍停」[53]，因此並不是統治社會取代主權社會，而毋寧是統治在現代的社會中已取得主宰性地位。所以，傅柯的目的是給於我們一個警訊，為了告戒人類社會，他先預演了未來的統治圖像，同時也深刻批判了當下的境況。

言說至此，回顧上述所探究的兩種統治觀後，呼之欲出的一個問題便是：到底是「人治的社會」好，還是「法制的社會」好呢[54]？也許這是一種差勁的理念型(ideal type)分類，但卻是值得分析的議題。以極端化的觀點而言，主權社會的最鮮明例子就是王的專橫與法的朝令夕改，雖然統治上充滿著王的意志，但也常帶有權力施行的不確定性

---

[52] M. Foucault, *"The Subject and Power"*, Hubert L. Dreyfus & Paul Rabinow, *Michel Foucault: Beyond Structuralism and Hermeneutics* (1982), p.225.

[53] M. Foucault, *"Governmentality"*, G. Burchell, C. Gordon, and P. Miller (ed.), *The Foucault Effect : Studies in Governmentality.* (1991), p.102.

[54] 此處所指的「人治的社會」，其統治的參考點是王；而「法制的社會」的參考點在於統治機制本身。

權社會的最鮮明例子就是王的專橫與法的朝令夕改，雖然統治上充滿著王的意志，但也常帶有權力施行的不確定性和人性化意含；統治社會是非人性化社會，雖然也是由人所建構卻在執行上沒有任何屬人的意志，但是「君主犯法與庶民同罪」，「法律之前人人平等」，而且是一種明確且敞開的統治施為。

於是，在充滿著現代性論述的當下社會中，到底我們所汲汲追求的統治型態是什麼呢？其實本文並沒有定論；或者是否只能由後代身受其中時才能有較公允的評判呢？那也許就成了亡羊補牢無助於事。思考吧！或者，就讓「有智之士」去判斷吧！

第二章

集群的神話

馬克思(K. Marx)曾說：「人假使不像亞里斯多德所認為的那樣，天生是一個政治動物(a political animal)，無論如何天生也是一個社會動物(a social animal)」[1]，換句話說，人也許不是政治人，但一定是社會人，因為他必須是生活在集群中，同樣地，他若是一個政治人，也就必然是個社會人，因為政治是管理眾人之事，是屬於集群內部的統治類屬。因此集群常被用來標示出個人的歸屬身分，是人之集合體的抽象存在，然而在缺乏全體人員面對面(face to face)接觸的情況下，就必然要有一些機制將他們連結起來，這是一個統籌或管理的機制，但是在連結的過程中卻常會產生一些支配性的政治議題，所以無怪乎亞里斯多德會把人設定為天生是政治動物，因為只要有關集群連帶的產生，就必然會有統治問題的出現。

集群可說是統治施行的場景，但也是統治運作的一項技藝，因為集群本身就是統治的焦聚，說它是工具也好亦或是可利用的手段、方法也罷，反正它就是能使統治狀況趨向完善化的要角，這是統治透過集群來達成其能永續經營的有效使用。是故，集群的神話堆積出統治的神話，是集群的存在與對它的利用而使得統治成為可能，所以對集群的認識便是一項對統治技藝的知識考察。

在本章中，我們將以四個論點來架構出集群意涵的輪廓，並且以集體對個人的權力關係來作一番深入的解剖，

---

[1] Karl Marx, *Capital : Volume I* (1976), London: Pelican Books, p.444.

而在鋪陳過程中的這些論點是具有著相互的一貫性。從「數量的祕密」開始，我們先釐清所謂多數、少數的意義，然後再將數量結合到集體的問題，以探討那「想像的集體」；接著是「不可見之眼」，其主要論述的是集體對個人所施展的魔力，而究其這魔力來源的是關連到最後的「集體的宗教性」議題。由此觀之，本章所欲透視的是關於那集群神話的建構祕密，並以此來凸顯出該建構之背後的統治意涵。總之，在整個論述過程中，本章的重點主要是對集群的一項知識之考察而非經驗性的研究， 也許這將會有很大的缺陷，但由於篇幅所限僅允准我們做此一知識的暢遊。

一、數量的秘密

數量指定了世界的劃分與構造[2]

不言而喻，數量是一集合名詞，是經由一個「數」所標示出其具有之「量」的總和，而該總和是展示著一項顯明的標識，所以數量也是一種符號的象徵，並且總是指涉到某種意義的延伸，因此透過對該意義的解讀便可能會促使其潛在事象的揭露。特別是關連到人口的份額面向上，數量總會發散出一股令人驚訝的魔力，這股魔力係指涉著

---

[2]　Fernand Braudel, *Civilization and Capitalism 15th - 18th Century Volume I: The Structures of Everyday Life* (1981), N.Y.:Harper & Row Pub., p.92.

某種能量的意義，也就是權力意志的聚積與推行，於是，數量的多寡便使得各個人口集群有了不同的地位之差異，因爲「數量(numbers)事先就決定它的最顯明特徵、勢力系譜(lines of force)、反覆循環和其類型學。……群體幾乎是依據它們的數量來分類，而數量總是把它們劃分成支配者和臣屬者、無產階級和特權階級這兩個集團」[3]。由此可知，數量指明了一項社會存在的事實：多數／少數。

數量也是相關於一組權力關係之差異界線的生產源頭，因爲多數總是會藉由區隔於少數或排除少數來顯明自身的正當，而其價值延續的保證必須賴於多數存有的支持，這也就是具正當性之社會價值的依據，是屬於多數共識的普遍彰揚。因此，多數支配少數、多數決定少數(儘管也有著尊重少數的口號虛幻)是一項不變的定則，這皆可從少數種族或族群的邊緣地位中看出。所以數量界定了權力關係的兩端，它使其隨之而來的一切差異狀態都被固著下來，而社會的不平等模式就如此地成爲被注定了的。於是數量的差異構成了社會不平等的根源，而該根源也造成了人類社群的不穩定動因，這在在可從前人經洞見之歷史事實或社會現象後所提出的問題設定中顯露出來，譬如馬克思指出人類的歷史就是一部階級鬥爭史[4]，法國年鑑大師布勞岱(F.

[3] *Ibid*., pp.92-93.
[4] Karl Marx, *Karl Marx : Selected Writing* (1985), D. McLellan (ed.), N. Y.:Oxford University Press, p.222.

Braudel)也是強調著鬥爭就是人類歷史的本質[5]，而傅柯(M. Foucault)乾脆說權力是無所不在的，有權力就有反抗[6]。因此社會差異的存在是不可逆，然而「少數」的局面卻是可以改觀的，數量所造就的問題仍須由數量本身來解決，只是有待少數朝向多數來轉換。

歷史所呈出的世界是一種多數決定的展現，而少數則常是被排除的對象。少數即是弱勢。然而此間可能會凸顯出一個似乎與這命題相悖的不同論述，也就是關於支配的少數與被支配的多數這個歷史存在的「統治面貌」，因為統治的支配階層總是少數。韋伯(M. Weber)在提及支配團體的少數人這論題時，就說明了兩種所謂「少數的律則(law of the small number)」觀點：「支配的少數人(the ruling minority)能迅速在成員間達成相互理解，因此在任何時刻也都能迅速去發起那可維持其權力地位所必須之具理性的有組織行動。……另一個少數的長處(benefit)乃是支配者較易保持其意圖、決議和知識的秘密，以充分發揮其效力」[7]，這是支

---

[5] Fernand Braudel, *Civilization and Capitalism 15th - 18th Century Volume I: The Structures of Everyday Life* (1981), p.186.

[6] Michel Foucault, *The History of Sexuality Volume I: An Introduction* (1990), N. K.:Vintage Books, p.93.

[7] Max Weber, *Economy and Society* (1978), Guenther Roth and Claus Wittich (ed.), California : California University Press, p.952. 另外 Braudel 也從歷史的角度談到了關於資本主義發展的「少數秘密」，他說：「假如對四十多名有權勢者(1789 年的確切人數為 44 名)作一番仔細的系譜研究，以及考量到他們之間家族聯姻的關係，則『研究處理的結果很可能揭示出他們是歸結為二、三個家族，或甚至是一個家族』。就我的觀點而言，這簡直就是在資本主義活動的結構集中化中，一個由少數控制的鐵律的

第二章 集群的神話　33

配層級由少數構成的有利觀點，也是唯一較能夠去持續性支配經營的有效統治，就此而言，當然我們也贊成「少數的律則」這一精準的洞視，但是也僅只如此。事實上，這個論述並不與本文的主張相違悖(雖然表面上看似如此)，只是應該再深入的論斷，並且去揭開少數的真正意涵，才不致淪入對少數的迷思當中。

其實，在這般對「少數的迷思」當中是蘊含著一種「數量的秘密」現象的存在，也就是關於數量之意義的潛存。「少數」，並非意指那些居於支配層級的位階(通常居於支配層級的皆為少數)，因為支配層級的「少數」是一種虛幻的呈現，它其實是代表著與多數的連結，儘管這種連結狀態有著不同和多種的可能性，諸如經由信仰、生存需求或情感連帶等等的結合，所以支配層級仍是以覆上多數面貌來對少數執行權力支配的效能。但是只要是該連結破碎，這種所謂少數的「虛幻」便成為「真實」，成為真正要被處理的少數對象。因此，馬克思就認為這種連結是偽意識(false consciousness)的交織，是異化(alienation)展現的顛倒世界，只有破除該連結而使得兩邊絕對化，並進而行使多數暴力之施為時，才能解決數量差異的持續宰制狀態。

所以，支配層級是必然要與多數有著一種內在關係的連結，否則支配層級就不再是支配層級了，或者是它即將

最佳例證(one more example of the iron law of minority control)」。 參見 *Civilization and Capitalism 15th - 18th Century Volume 2: The Wheels of Commerce* (1982), N.Y.：Harper & Row Pub., p.541.

會面臨被多數的群眾所排除之難題。這是一種差異化的宰制對比,而其所受制約的少數總是會面對著一大群不可見的集體。是故,支配層級肩繫著多數的勢力擔綱起社會秩序,並用權力之眼以凝視著各種異議,對此莫斯卡(G. Mosca)便是如此既粗略又正確地描繪了這種關係,「任何少數的權力(the power of any minority)當它在反對多數中的每一個個體(each single individual in the majority)時都將是無法被抗拒的,而這個個人總是單獨地站立於有組織少數的整體(the totality of organized minority)面前」[8],這「少數的權力」、「有組織少數的整體」其實所指涉的就是多數的集體,而「多數中的每一單個個體」才是真正孤獨的個體,是屬於可見的少數而被從群體中區隔與標明出來的個體,於是像這樣孤立的個體在代表著多數的集群面前當然便只能是無法抗拒和被馴服的。這是數量的預先裁定,也是數量之明而不顯的秘密。

　　總之,數量是蘊含著一種能量的聚積和發散並且能夠範定一切,而任何人也無例外地都被吸納、歸入數量的構

---

[8] Gaetano Mosca, *The Ruling Class* (1939), N.Y.:McGraw-Hill, p.53. Mosca 曾粗略地指出說：如果社會的組織愈大,而且支配的少數與被支配的多數之間的比例愈小時,則這種多數組織要來反抗少數的支配,將會愈益困難。但是這種論點是很難令人信服的,除非支配者透過各種連結管道來強化及隱身於多數中,或仍有另一群多數在背後撐腰,否則對這種少數支配的保全將是難以維持的。其實 Mosca 也看出了這一點,只是受限於「少數的迷思」之影響而無法解除迷障,他說：「居於國家領導的人,其統治是必然得要得到人數眾多的被統治者之支持,才能強制遵守其所下的命令,並付諸實施。」(p.51)

成當中以游走其間。數量造就了差異關係的權力對抗，而它又是預先存在的勝負定數，其唯一可變的是數量關係的彼此轉換，因此數量雖然範定一切但本身卻持續地在運轉。所以，歷史的少數不會必然總是少數，而多數也未必能夠恆常一致，只因數量是帶有著能動特性，它既固定又變化多端。

二、想像的集體

英雄的名字是人民[9]

　　數量的意義就在於其所體現出來的集群特性，而該特性也就是一股勢力的凝聚，這是屬於不可見的排他性勢力，既用以界定差異又透過差異來證明自己。所以，集體是在區隔少數差異的過程中呈現自己，並藉由排除異己來展示其權力，也就是說，集體是存在於一種關係性的對比中，以致於對自身保存的證明只能賴於不斷地去尋找或製造差異[10]，因為只當面對外部的危機便能夠易使內部產生凝聚。

---

[9] Jean-Francois Loytard, *The Postmodern Condition: A Report on Knowledge* (1986), Manchester University Press, p.30.

[10] 「集體」一詞在此並不局限於空間或地理上的概念，只要是能享有共同連帶關係(不管是功利的、情感或記憶上的)的群集皆可謂之。「集體」本身也即蘊含著一種可區辨的意味，因在強調其內部共同關係的同時也指出了它與外部之間的隔離，而差異就在這內部／外部、我群／他群間劃下了界線。因此「集體」既創造共同關係但也在生產差異。關於對集體自身保存有賴於差異的部分請參見 Georg Simmel, *Conflict* (1955), Glencoe,

集體也是神話的發源地，其間所創生的英雄是必然或終究要擁有多數人民的期許，否則對英雄的話語就難以被持續。在部落社會中，「王」既是集體的中心又常是被犧牲的對象：當王以代表著部落集體的面貌出現時，他是融入了集體而消失於不可見的部落中，王即是集體而集體就是王，此時他擁有著集體(賦與的)權力來行使排他的律令；然而一旦內部集群反叛或是與外族征戰失利，則王便成為一個被差異化出來的可見個體、一個集「惡」於一身的被處置對象、一個祭典的必須品、一個代罪羔羊的犧牲者，成為了為維護部落完整性權力之需要而被集體所排除的個體。這是集體的勢力，也是少數差異必須面對的暴力。

現代的政治遊戲也同樣地在玩弄此種集體的勢力，而「民意」便可謂是這不可見之集體勢力的聚積。經由選票，可見的個人遁入了集體並且以集體的代理人自居，而「代理人乃是群體的代替 (the substitute of the group)」「他就是被人格化了的群體(the group personified)」[11]，彷彿就如同路易十四所自許為「朕即國家」或用羅伯斯比爾(Robespierre)的話來說即「我就是人民」等等之宣稱而來擁有集體。獲取民意便掌握了權力，這也就是為什麼民主社會中的統治階級紛紛地願意放下身段來投入民意的洗禮，因為通過這種選舉儀式後即表示他已不再是那少數及可見

Ill.:The Free Press, pp.17-8.
[11] Pierre Bourdieu, *In Other Words: Essays Towards a Reflexive Sociology* (1990), Stanford: Stanford University Press, p.139.

的個體，而是代表了那不可見的多數勢力，此後，他冠上了一個新名字，這名字就是集體。

集體踰越出「在場」(present)而不受空間地理上的限制，其內部成員是共享著意象而非共享距離，該意象架築出一種記憶，一種使得每個成員都能激盪出的共同情感，一種對群集構造的想像。「走入民眾來擁抱群體」難道只是離群索居人的自我期許，或者莫非意指那些政治意欲者不是生活於人群之中？當然不，群眾只是想像的集體，是經由選票所量化出來的數據，即：不可見的集體化做一只可見、可統計的數據。

想像的集體取決於那不可見的記憶；道德的集體是賴於那已聚積的勢力。而所謂社會的合法性只是這種記憶與勢力的強制產出， 以用來規範種種的社會差異。譬如假設有一正式會議的場景，其間突然出現了一個衣衫襤褸的成員進來參與，可想而知，集體的目光會馬上焦注在他身上，而這位闖入者也即刻地會感受到一股推力，並且慢慢地把自己給推出去。這是一股集體的道德力，其集體意識(collective conscience)的強固性和排他性在這裡已表露無遺。涂爾幹(E. Durkheim)就指明了這種集體或共同(common)意識為一「在特定社會裡多數成員所共有的一組信仰與情感的總體(totality)，而這總體形塑了一種擁有自己生命的決定體系(determinate system)」[12]，也就是說，這是一個具有

---

[12] Emile Durkheim, *The Division of Labour in Society* (1984), London:

「總體」特質的「決定體系」，其成員為避免易受傷害的可見性而把自己的主體地位讓給了那不可見的集體，那個自己也參與建構的想像的集體。

　　簡言之，對集體的概念僅是一種觀念式建構，道德機制也是如此地被形塑出來，這是一套權力展示的發散域，即制定規範又創造差異。於是，在這個由成員所劃定或製造的界域裡面卻無人能夠逃離，因為個人在其中已獻祭了自己。所以集群壓力塑造出了一種差異界限的道德裁判，而裁判者既是群體也是成員自己，這是集體意識與個人意識在此交點上的匯聚，也是主體、客體在個人的身上達到了統一。

　　因此，對集體的想像卻創生出想像的集體，而這集體也似乎隨即獲致了自身的固有法則性以能自動地運轉與持續地自我經營，彷彿就如同盧曼(N. Luhmann)言及的系統之自我再製(autopoiesis)[13]所展示的自主性效果一般：系統自己維持自己，並且是按照著自己的動力與內部的狀態來引導系統內部的再生產程序。此間的個人主體性被視為是非存在，若有出現即歸入差異。然而，想像的集體原本就是人的想像，是人為掩藏自己的可見性所建構出來的虛幻實體，但是在整個想像建構的過程中人卻被遺忘了，諷刺的是，遺忘者竟是他自己。

Macmillan, pp.38-9.

[13] Niklas Luhmann, *Social Systems*(1995), Stanford: Stanford University Press, p.22, pp.34-36.

集體意味著對個人的失憶，它的存在即是一種人格化的非人實體(non-human reality)，這是種具備自我組織性質的擬生命想像，是一個擁有成長能力的有機結構體。因此這種結構體是有著內部之構成元素間相互強化的關係，其整體圖像特別易顯現於社會中的各種組織機構(譬如行政、軍事、或各類社團等等)，而其職能展現是在於收編與發揮這股集體力。所以，機構是凝聚且保證這集體勢力能夠持續再現的技術領域，經由各種合理性(rationality)的算計與設定來將每個人依其功能目的作一處理，這是一項由人的理性發展集體理性的建構過程，爲的是要透過集體來將個人的幸福推向極大化境地。然而非預期的是集體理性卻反過來造成對人的桎梏，並形塑出其一生命運的悲劇戲局，韋伯對此種理性化命運早已有深刻的體認，他說：「在巴克斯特(Baxter)的觀點底，對身外物的關注應當只是『像聖徒披在肩上的那件可隨意丟棄的薄外衣』，但是命運卻注定要使這薄外衣變成了一具鐵的牢籠(an iron cage)」[14]，其實歸根究底，是人的理性使人桎梏，是那些打造枷鎖的人綁住了自己。

　　是故，想像的集體既是人的自我暴力又是有機結構體的組成基底，其集體的不可見性更使得這有機結構體蒙上了一股難以掌握的神秘氣息，而就是這種不確定感，往往使個人在單獨面對它時卻毫無頭緒，同時又讓其權力悄悄地滲進了每一個人的內在心裡。總之，集體僅是一種想像

---

[14] Max Weber, *The Protestant Ethic and the Spirit of Capitalism* (1978), N. K.: Free Press, p.181.

的建構，是人對自身懦弱之可見性補償的投影，它沒有自己的真實性但卻擁有實質的宰制權力，它的抽象性格也使其佔據了至高點位階。只待一切整裝就位，然後必會張開它的那雙權力之眼，並俯下身來凝視(gaze)全景。

三、不可見之眼

凝視，正仔細地在進行算計[15]

誠然，集體終究是想像而個人依然存在，但此間的問題是：個人是如何地存在？或許在當下所流行的一句廣告詞「只要我喜歡，有什麼不可以」中可發現個人存在的蹤影，然而，其實這只是隱含著一種對社會現實的不滿與反叛，而且是更加證明了集體力量的無處不在。因此不管有無感覺，個人的存在總是建構性的存在，是受集體所制約的存在，而「怎樣都行」(anything goes) 只會造成個人與集群的疏離，並且定將馬上遭遇凝視權力的無情對待。

不可見凝視可見。可見與不可見是屬於一組關係對比的概念，那麼這組概念所欲意指的是什麼呢？其實綜上所述已然可窺視和概論之：「不可見」(invisible)是屬於群體的展現，個人被融入群體中而與其他的成員份子相連結，所以這是一種內在性的凝聚形式，彼此間經由歸屬情感的

---

[15] Michel Foucault, *The Birth of the Clinic: An Archaeology of Medical Perception* (1975), N. K.: Vintage Books, p.89.

連帶作用而呈現出同一性的樣態，並且掛上了整體的面貌來一致對外，因此這種內部的連繫性關係就非常地強，尤其是表現在有外部危機之場景中的挑戰上；而「可見」(visible)是一種個人自我的彰顯，既是孤立的標的物也是倍受矚目的焦點，其個人是外緣於群體，所以他與群體的連結只是一種外部紐帶的揭示，但這種外部紐帶又只能是一項脆弱的接續，所以往往在其背後的作用方式皆是經由直接權力來執行，以便處理和解決這種易碎的連結關係。由此觀之，「不可見」是屬於隱匿的場域，是代表著一種群性的展現，以及一種集體意志的發散；而「可見」則是一種在天光之下的彰揚，是可以被清晰地標示出來，並被群體所凝視。

由於集體的不可見性，使得個人在面對它時無法察覺到凝視的方向；也由於對這凝視路徑的毫無知悉，又促發出個人對它來自四面八方的想像。因為人們無法窺見這凝視，但卻知道自己可能被凝視，於是這種不確定感造成了個人內在心靈的緊張，以致使該凝視的「可能」變為「無所不在」，成為了個人在天光之下形影不離的身影。此時，凝視者已由集體遁入個人，也就是說，集體凝視現在已成了個人對自己的凝視，那不可見之眼被移入了人的內心深層。就此而言，傅柯在論述「全景敞視機構」(panopticon) 對犯人的處置作用時，便已明白地指出了這個觀點：

在犯人身上引入一種有意識和持續可見性(visibility)的狀態，從而確保權力自動地發揮作用。如此地安排是要使監視

(surveillance)在其效果上能有著持續性，即使它在行動上是斷斷續續的；這種權力的完善化應趨向於使它自身的實際運作成為非必要的； 這種建築機構應該成為一個創造和維繫一種獨立於運用者的權力關係的機制；簡言之，犯人應該被一種權力局勢(power situation)所制約，並且他們本身就是這種權力局勢的擔綱者(the bearers)。[16]

在這全景敞視機構中，犯人的可見狀態使其監視機制不一定要有但又能持續的發揮效果，而這種持續性效果便是取決於犯人本身的自我監視作用，因此他們實際上也就成了這種凝視權力的擔綱者。所以，在這整個虛構關係的機制中產生了一種真實的征服，存在其間的人不僅受到規訓，而且是打從心中自動地臣服。這是不可見之眼使得個人的可見性完全地展露，是那具緊張狀態的不確定感受使個人清澈地敞開自我，也就是如此，人已開始得以重塑。

因此個人依然存在，只不過是在此種凝視(不管是集體、亦或是個人自我的凝視)的狀態下存在，而且是一種既受集體所制約且自己也參與建構的存在。 這存在使得個人意識到自己所從屬的客體位置，並且在這個意識的基礎上形塑出自身的主體性，也就是說，由於對這整個自我存在

---

[16] Michel Foucault, *Discipline and Punish: The Birth of the Prison* (1979), N. K.: Vintage Books, p.201. 「全景敞視機構」是 Foucault 創造的一個詞，它是被用來說明 Bentham 的圓形監獄這個設計，這個設計不但使得監視機制能夠在機構內綜觀全局，而且每一個人都能被清晰可見。

的重塑，一個屬於人之「道德主體」(moral subjective)的展示便成為可能。所以，不可見之眼即是道德之眼，因為它把集體強制性律令轉化為個人道德性實踐，這是一項深潛的自發性行為，即使缺少了那外在強制力的干預，該道德實踐依舊是持續而不曾間斷。於此，若問個人是如何地存在？那將會是一個道德主體的呈現式存在。

是故，當這不可見之眼成了個人心中的道德之眼時，凝視已就是個人對自己的監視了，此刻的個人已成了自己的守門者，並且是隨時地在看護著。這是一種永恆的看護。韋伯在關於新教倫理部分的討論中就已指出，那些清教徒在面對上帝之眼的凝視時，皆無所遁逃地被敞開於天光之下，不管這種凝視是否隨時地存在，上帝的目光早已深深的刻痕在主體深層並且強行地塑造及征服自己的本原，從而再藉由自我規訓來強化其可見的狀態以獻祭給上帝。這是一項致力於塵世的榮耀品，其影響導致在俗世禁欲的信念上產生了嚴格律己的生活態度，於是一場永恆的監督成功地創造出一個新的道德主體來，這既是客體又是主體的呈現，是一個持續地自我塑成的個體。由此可知，清教徒所追尋的那種永恆的生命指引就必然是以「全面系統的自我控制」為其代價，他所須背負的不但是屬於一生的善行，而且還應該是一種完整體系的處世施為[17]。

---

[17] Max Weber, *The Protestant Ethic and the Spirit of Capitalism*(1978), pp.115-8.

所以道德主體是可見個體的自我形塑，而其觸發之根源是來自於那不可見的集體。然而集體又是人的一種想像，是個體爲改造自身之無力感的一種極大化追求。這種弔詭的現象使得費爾巴哈(L. Feuerbach)認爲「類」(species)，也就是集體，才是人生活的本質，並且「類的尺度是人的絕對之尺度、律法和準則」[18]，若沒有「類」則「人就成了無(nothing)」[19]，因此他論述著宗教其實就是「類」的另一種展現，是人對自身意識的投射。於是乎這種對集體的想像彷彿是構作出人生存在意義的必然之思維，只因爲人不可脫離社會來存在，人已被假定爲一種群性的動物。

　　總之，不論是人的無力感亦或是人之本質性的呈現，不可見之眼確實已深深地烙印在人的內在深層，也許有人曾經對此抗拒或試圖潛離，然而倘若他還在世上爲求自我保存而努力，那麼這種存在的命運會使他難以掙脫，更確實地講，是逃不掉，也別想逃。

---

[18] Ludwig Feuerbach, *The Essence of Christianity* (1957), N. Y.: Harper Torchbooks Pub., p.16. 類(species)的概念係指人(全稱式)的概念或是真正人之生活的概念。Feuerbach 是藉此概念試圖要與個體性(individuality)區別開來，他認爲「類」是無限的，而只有個體才是有限的存在。因此人由自身所投射出來的上帝是具有無限性的展示，而這就是「類」的呈現，是一種普遍人類的概念。

[19] *Ibid.*, p.4.

四、集體的宗教性

社會生活具有一種宗教的質素[20]

　　想像是意念的虛構，不可見是目光的缺席，然而這意念和目光的錯置卻勾劃出集體的輪廓，一張無法對其辨識的面容。這是一個神聖的境地，其間盡是發散著神秘的宗教氣息，無怪乎涂爾幹總是不斷地述說著：「宗教表象就是表達集體現實性的集體表象」(Religious representations are collective representations which express collective realities)[21]，宗教即是社會，社會即是宗教。宗教就如同那些凝視機構一樣成為集體的代名詞並能聚積其勢力，而且更將人們置於一道德社群(moral community)[22]內來做為強化集體連帶的道德保證，它使集群擁有了一種宗教的質素(a religious quality)。因此「宗教力量就是人類(human)力量、道德(moral)力量」[23]，也藉此力量來劃定差異的界限及禁忌的場域，其

20　Niklas Luhmann, "*Society, Meaning, Religion-Based on Self-Reference*" (1985), Sociological Analysis, 46(1), Spring, p.8.

21　Emile Durkheim, *The Elementary Forms of the Religious* (1961), N. Y.: Collier Books, p.22.

22　這可以直接從 Durkheim 對宗教的定義內容中看出，他說「宗教是一種與神聖事物有關的信仰與實踐的統一體系，……這些信仰與實踐把所有那些依附於它的人都統一在一個稱做教會的道德社群(moral community)內」。*Ibid*., p.62.

23　*Ibid*., p.466.

中差異即針對那可見的個體，而禁忌係指涉那不可見的集體。

　　不可見的集體是屬於非思(unthought)的場域，它只可以被想像而無法對其言語，就像卜地峨(P. Bourdieu) 在論述宗教場域時所言，這是對「所有可思中的非思情境(the unthought condition of all thought)」的建構[24]，而且該情境是可以不需去討論的，爲何不需呢？因爲它根本是個大黑箱而無法被討論，它是作爲界定差異的依據準則但本身卻不被置入差異區分的範疇，它使一切都清晰可見但本身卻爲不可見，它具有「密碼化」(ciphering) 的職能以對混沌的世間做一確定化之解碼處理，但本身也因這密碼而遮蔽其所由來的根源[25]。所以集體的場域是神秘化的場域，集體的宗教質素在這裡顯露無遺。

　　簡言之，這種帶有宗教性格的集體是無法被個人的目視所滲透，是可凝視而無法被凝視的，並且其做爲價值標

---

[24] Pierre Bourdieu, *"Genesis and Structure of the Religious Field"* (1991), Comparative Social Research, Volume 13, p.13.

[25] Luhmann 指出，密碼化係爲「對可減低做決定之範圍的那種知識的生產 (the production of knowledge by means of reductive determination)」，也就是說，密碼化主要在於使那複雜的情境轉爲一種可化約的狀態，以使在其中的可選擇或可決定的範圍得以縮減的這種知識的生產。這種定義避免了去預設一些事象的先行存在而待解碼來揭示的論述，而是專指著伴隨複雜狀態而來的一種知識之生產，所以在 Luhmann 的觀點上，密碼雖可對外解碼，但本身卻也只是一種「偶連性」 (contingency)的存在，更進一步講，就是這密碼使得自己的起源被遮蔽掉，從而產生了一種神秘的感覺。請參見 Niklas Luhmann, *Religious Dogmatics and the Evolution of Societies* (1984), N. Y.: The Edwin Mellen Press, p.13.

準的道德意涵也不能被質疑，否則人的存在將失去必要的秩序，因此只要集體一旦成形，就必然會被披上了這件宗教的神秘外衣，並在這個輕薄的帷幕之內行自我組織以極大化自己。於是，非思與不可見構作出了一種神聖的空間(a sacred space)，而該空間營造出一種生活的應然(ought to be)層面來做為其成員必要遵守的日常實踐，這是已被規範化的生活導引，對此，伊里亞德(M. Eliade)就早已指出「一種神聖空間的出現才能夠使人們掌握到一個定點，而且也因此能夠在這個世俗的混亂中去理出方向，去『發現這世界』(found the world)以及活在一種『真實』的感覺裡」[26] 。然而奇怪的是，人的這種『真實』的感覺竟是來自於那想像的集體。

集體的宗教性創造了一種對世界認知的真實，然其認知實際上是建基在對集體權力的隱藏或偽裝，也就是說，它光明的一面在顯示啟蒙，而黑暗的一面卻在施展規訓，這是加諸於成員主體的一項同構，而且是把這種同構內化進成員的心裡。因此集體就是權力／知識的綜合體，並以其宗教性來保持自身的神秘，倘若有人膽敢揭穿這個秘密，則這權力之眼即會發射出去，以便對之進行排除或收編。所以，集體的宗教性保證了那非思與不可見之空間能持續地再生產下去，從而使其凝視的強制性得以來造就出那個

---

[26] Mircea Eliade, *The Sacred and the Profane*(1987), Harcourt Brace Jovanvoich , Inc., p.23. 文中的『 』為筆者所加。

別的、可見的柔順肉體。

此外，集體將自己提升到一種宗教的格局，為的是要去打造出集體的神義論(theodicy)來合理化自己，因為權力之源必須不被質疑。是故，一般對集體所發揮之功能性的強調取代了那探索集體本身之意義的話題，也就是說，是關於集體能為人們做些什麼而非做這些事情的為何只能是該集體。這是對集體之認知焦距的轉移，而唯一可討論的便是不可見的集體與可見的個體之間的關係。

也許集體並非總是秘密，說穿了可能只不過皆是涉及到數量的問題，並可能就是這種多數的勢力，而使得它獲具了宗教性且框上了神聖的禁忌。若是如此，則所謂的宗教道德必然只是集體意志的表徵而已，它的起源就不是來自於那超驗的終極價值或者上帝，而是出自該統治之集體本身，換句話說，那個構成群體之道德性的根源其實是來自於群體自己，是群體擁有其自己的終極性(finality)。因此，被宗教化的集體只是在其之不可見性上強化神祕感，並且是透過生產出更多的神話來掩蓋它的出生真相，然而面具總歸是面具，主導其意志的還是那個幕後的多數主體。

誠如傅柯所言，「統治的終極性已存在於它所管理的事物當中(in the things it manages)」而並未在其之外[27]，所以集體的終極性也必然存於集體之內，包括存在成員之間、

---

[27] Michel Foucault, "*Governmentality*" (1991), G. Burchell, C. Gordon, and P. Miller (ed.), *The Foucault Effect: Studies in Governmentality,* Chicago: University of Chicago Press, p.95.

集體與個體之間等等的競逐關係。是故，宗教並非置外於集體，而是在集體內以集體的宗教性來呈現。

總之，凡禁忌的都被視為神秘，而凡神秘的就必然存有著某種未知的力量，既然是種未知的力量，就有可能去藉由想像來把它推向極大化境地，最後在這極大化面前，個人只能自我矮化以換取自我保存的生機。這也就是為什麼那些集體總是要具備宗教性之氣息才能去維持永續的經營，而且一旦踏入神秘境域則其權力機制便能自動開啟。因此，宗教性集體可說是想像集體的具像化(incarnation)，經由這般宗教洗鍊的過程，它就把成員們凝結在一道德社群內並使其同一化，而且也讓這裡到處充滿著宗教般的質素，以使得那些身處其間的人都趨向於這共同的歸趣。是故，集體的意志成了個人的意志，集體的道德成了個人的道德，並且在這神聖的氛圍裡，每個人都在相互督促也自我監視，從而共同地再強化集體的宗教性格並推動其意志。所以，宗教性使集體不再只是純粹的想像，此時的它已深具了一龐大且堅實的基礎，這基礎其實就是那早已被遺忘掉的「人」，所不同的是，人已轉變為「道德人」。結果，個人現在是以一道德主體的樣貌來呈現，而且是成為一個擁護集體的擔綱者。

五、小結

　　綜上所述，「數量的祕密」是在於揭示出多數暴力的本質，也就是說，數量本身即蘊含著能量的意義，以致於多數則具有較多的能量來壓制或排除少數。然而此間的少數並非意指那些在支配層級位階上的人，因為要成為支配者就必須覆上多數的面貌，所以支配層級可說是多數的代理人，他們之間是有著內部的連結關係。因此真正的少數是指處於邊際地位的弱勢群，而非那居於權力中心的強勢位階。然而數量總是關連於統計數字的問題，這集合名詞常被用來建構出一群「想像的集體」，集體儘管是想像但卻似乎獲得了自身之固有法則性而能夠自行地運轉，並且如同生命有機體般的能夠極大化自己，它擁有其集體意識來範定總體的決定體系，且以該總體意志所形成的一種道德裁判來排除異已。所以弔詭的是，對集體的想像創造出想像的集體，然而，這想像的集體畢竟是人的想像，但卻回過頭來對人產生桎梏，為何會變成如此呢？其實問題就在於集體的那雙「不可見之眼」。

　　不可見是屬於群性的展現。由於凝視的不可見性使得個人在面對它時無法掌握其方向，以致於這種不確定感使個人極度緊張從而產生了對它來自四面八方的想像，然而這想像實際上是把那集體凝視之眼移入了個人的內心，以

使得個人成為監視與征服自己的本源。因此人成為了一個道德主體，並且是把那集體強制性律令化為個人的道德性實踐，就像韋伯筆下的清教徒命運一樣，「他所背負的不但是屬於一生的善行，而且還應該是一種完整體系的處世施為」，於是，個人生活因此具有了一種宗教性質素，當然這也是「集體宗教性」的映照。就是這種宗教性使不可見之集體進入了一種「非思」的境地，它本身是個無法探討的黑箱但卻為它的外在對象提供一種去模糊化的解碼訊息，因此這神聖的境地是做為一種價值標準之道德的依據，而使人們擁有可指明之生活導引的「真實」感覺。所以集體的宗教性使集體跨出了純粹想像意境而具備了一個堅實的基礎——由道德人構成，而這些道德人也就是能夠忠實地擁護集體的擔綱者。

簡言之，這整個集群的神話就是集體透過「數量的祕密」將其「不可見之眼」引入人的內在心靈來讓他們自己征服自己，如此則「想像的集體」就不只是想像了，因為「集體的宗教性」使人成為道德主體來做為該集體的真實根基。這是統治概念的一種認識觀，唯有清楚地意識到這集體之涵義，方能使其統治可長遠和持續。

所以，認識集體即能掌握統治的意義，也唯有擁抱集體才能享受權力。俯觀時下的政局不就是這一大堆集體勢力的相互抗詰嗎？他們為的是什麼呢？不管是黨對黨、中央對地方，還是系統對系統、派系對派系等等都為爭取勢力而對立，甚至連那些早先不食人間煙火的高官，現在都

想要透過民意的洗禮來證明自己擁有集體的勢力，譬如幾年前省長和總統的直接民選以及許多的政務官投入選戰就是最好的證據，因為人們所關心的議題不再只是誰能當選，而更多是關於得票率問題。[28]就連近幾次的立法委員選舉，所被考慮的是關於三黨間的過半或不過半問題。所以不論有何其他的詮釋角度，就本章觀點言之，這些都在在地顯示著：誰擁有相對多數的集體，誰就能夠取得支配權力。

　　總之，擁有集體就擁有權力，且能以其宗教性來營造一股道德氣息，於是，當這權力被冠上道德氣息後便化為無形，再來就慢慢地濡化每一個個體，最後則導致個體的自動臣服，且能負起捍衛與推展集體的責任。所以，若問統治的竅門何在，其祕密就在這裡。

---

[28] 譬如首屆總統大選時，大眾對這次選舉所關心的是總統的選票有多少？是否超越省長的得票率？或超過了多少？這是因為選票多少其實是代表著集群勢力的大小，它的深一層意涵更是關切著一場權力鬥爭的發展方向。

第三章

宗教與個體

「鴉片？」，這是馬克思(K. Marx)在論述宗教時所採行的一項負面命題[1]，但此間我們必須先將它加上一個問號(？)並且要小心地來檢視，因爲當我們在看待馬克思的任何激情的「命題」時，都必須將其結合入歷史脈絡中來還原與呈顯，而不能脫離歷史去瞭悟它。馬克思向來否認宗教，所以他又如何會針對宗教本身來加以批評呢？其實他真正所要批判的是現實世界，是一種由階級構成的剝削社會，而宗教只是現實世界的投射，是本質上的虛幻，是所謂資產階級意識形態的控制工具而已，所以宗教鴉片的意寓即體現於此，因爲它提供了一種麻醉效應而使人忘卻現實的苦痛，是一項毒化功能的運用。如此看來，馬克思的箭靶並非射向宗教本身，而是直指宗教的功能。

然而就宗教功能而言真是如此的負面嗎？不，馬克思只看見了一面。德希達(J. Derrida)在一篇〈柏拉圖的藥店〉文章中就曾指明[2]，Pharmakon 既是毒藥也是解藥，既可用以害人也可救人，兩種狀況是相剋相生，相互的滲透與延散的。所以即使是鴉片也必然要包括這種雙面意涵，如此則宗教也勢必有著正面的效能，只是有待於我們去正視和安置。當然本章即是採行這種視野來凝視它的。

不言而喻，宗教與人之間的親和關係可由千百年來之歷史進程中顯露出來，然而值得注意的是，當我們溯及各

---

[1] K. Marx，《馬恩選集》卷一(1972)，北京人民，p.2。
[2] J. Derrida, *Dissemination* (1981), Chicago:University of Chicago Press, pp.63-171.

種歷史文獻之回顧時，卻發現很少以人或個體(individual)為主軸來探討，反而多是從宗教(或與其社會之交結)為中心來對人或個體的從屬性格加以延伸。因此本章著重前者的方式來把論述主體歸還於個人，以便從個體的角度出發來探討宗教與個體之間的相應關係，也就是關於個體如何地承受宗教的塑造以及如何地在宗教化影響之後向外去展示自身。

最後，本章試圖從關係論取向(relationalism approach)來窺視宗教與個體之間的辯證關係，其所著重的要點是在於兩者間的交結過程，所以文中並未將宗教與個體各自還原來加以分別地界定，而以一概括的、抽象的名詞替代這其實是複雜且意義紛亂的實質內涵。或許這是此間的缺陷[3]，但由於本章是植基於理論考察而非教義信仰之探索為要義，因此構作出一般性的方法陳述便是我們所意欲的目的。

---

[3] 這是構作一般理論陳述之方法學上的限制，該限制是關連於各宗教間之義理所蘊含的「獨特性」問題。然而就像韋伯(M. Weber)所指出的，「我們並不把考察的重點置於神學綱要的倫理學說上，因為即使這綱要在某種情境下無比重要，我們也只不過將之作為一種認知工具」(參見《宗教與世界》(1992)康樂 簡惠美譯，遠流，p.55)。因此本文僅將宗教視為一般性的概念來陳述，並且是以作為對照於個體的外部對象所進行的一種關保性視野之探究。

一、身體技術

　　標榜「個體」(individual)的存在是當代社會人文議題的普遍特徵，儘管「個體」一詞的根本意涵從希臘羅馬時期以降便有其所指的首尾一貫[4]，然而成爲對人自身理解與需求的探討之凸顯，則是晚近才有的關懷。是轉向人道主義的訴求也好，亦或是基於政治經濟的考量也罷，對一種解放或剝削狀態的社會揭示，莫不以「個體-s」爲整治啓始的對象。因此就「個體」而言，一項身體政治形塑的激盪便由兩條軸線來賦與其主體(subject)地位，一爲「個體化」(individualization)，係指個體與外部環境之間的傾吞關係；另一爲「個體性」(individuality)，這關連到個體和其內在本性的調輸問題。然需注意的是「個體化」與「個體性」在對主體的塑造過程中並非僅是對立的兩面，而無寧是交錯著衝突融合的辯證關係。

　　「個體化」是當下人類境況的普遍現象，它指涉到外部環境對人類身體的塑造過程，這是一套人身技術學的展示試驗。自從泰勒主義(Taylorist principles)拓展了人身運用

---

[4]　個體(individual)最初所蘊含的是一種不可分割(indivisible) 之意，其所呈現出來的就如同原子(atom)一般，並且是和他者(others)可完全地區分開來之最純粹的狀態。而個體的現代意義儘管已添帶著社會和政治的歷史指涉，但它的根本意涵仍究是一如往昔。　參照 R. Williams, *Keywords: A*

之個體化了的可能性之後，人類身體的可塑性與可用性被持續的極大化，並成了「一部複雜且能自行運轉的機器」[5]或根本只是「機器中的一個配件」(an appendage of the machine)[6]而已。所以個體的展現可說是一項製造，而透過對身體的製造便能使人可以被標明了出來，成為一個「可見的」(visible)存在物品。傅柯(M. Foucault)就是把「個體」視為是一個規訓與論述下的產物[7]，經由各種權力－知識在人身上的任意體現來劃滿傷痕，如此對肉體的分割而使得人更為容易的被重新塑造，人的有限性存在從此被拋向了無限的可能，透過人體的政治解剖學概念，農民可以變為標準軍人，愚夫換為城市新貴，在這種拆解組合的過程中，一個「更完美」的新個體誕生了。所以唐納(Bray S. Turner)認為「個體化」可以視為是一系列的實踐過程，而個體在其中是藉由被標示、數據和符碼化所確認和辨視出來的[8]，這是一張清晰可見的「活物表」(tableaux vivants)，其間的個體均被攤開於天光之下而難以遁逃。

個體化也蘊含了一種專殊化過程，這尤其是表現在科層制的高度發展結果。「任何支配結構的官僚化會極端強

Vocabulary of Culture and Society (1976), N. Y.:Oxford University, p.133.

[5] La Mettria, *Man A Machine*(1961), The Open Court Pub., p.89.

[6] Bryan S. Turner, *Religion and Social Theory*(1991), London:Heinemann Educational Books, p.160.

[7] M. Foucault, *Discipline and Punish:The Birth of the Prison*(1979), N. K.:Vintage Books.

[8] Bryan S. Turner, *Religion and Social Theory*(1991), p.163.

烈地促進理性的『切事性』，以及『職業人』與『專家』
的發展」[9]，也就是說，科層制把人塑造成各式的「職業人」、
「專家」，把個體從群性中差異化了出來並賦與其特定的
稱謂，而對切事所要求的非人性化使得這些被塑造成的專
家喪失了靈魂沒有了肝腸，而只是如同機械殭屍般的活動
著。這是外在環境對個體的傾吞，且任何存在於社會中的
人皆愈來愈無法避免，韋伯(M. Weber)對此就有著深刻的體
認，「清教徒渴求成爲職業人，而我們現在卻被迫淪爲職
業人」[10]，爲何是被迫呢？人順應著社會的發展來造就了存
在世界，但這世界似乎隨即便獲得其自身固有法則性而脫
離了人並與之對立，之後又回頭來傾吞了人並重新編造。
此時，人轉變爲受造物，而成爲造物主的「這個世界一旦
被創造出來，它就不可能輕易地被攫走了」[11]。

　　所以在科層體制的籠罩之下，人不但是被專殊化了，
而且也被齊一化了。霍克海默(M. Horkheimer)和阿多諾(T. W.
Adorno)指出說整個社會都是被放置於一項模塑的過程，經
由「過濾器」(filter)的運轉，從而將所有個體全部再現爲社
會所需要塑造出來的那個樣子[12]，因爲每一個體都須去依循

---

9 M. Weber，《支配社會學 I》(1993)，康樂、簡惠美譯，遠流，p.70。

[10] M. Weber, *The Protestant Ethic and the Spirit of Capitalism*(1978), N. K.:Free Press, p.181.

[11] Peter L. Berger, *The Sacred Canopy*(1967), Garden City,N.Y.:Doubleday, p.9.

[12] M. Horkheimer & T. W. Adorno, *Dialectic of Enlightenment.*(1972), N. Y.: *Continuum*, p.126. 這個「過濾器」係指文化工業。他們認爲日常生活的所有行爲均按照一定格式的考慮之後而設計出來的。另外，韋伯也提到在科層體制的展現底下，經濟與社會差異將會逐漸的齊一化，這是因爲

著社會的各種需求而來被不斷地複製和安置，所謂社會化就是一項對個體不斷的複製與塑造過程，並且終其一生。因此在當代社會中，作為一主體的凸顯即是那既區隔又等一(as separate but equal)之個體的展現[13]，也只有個體化了的人才能獲得一主體身分而存在，這存在即是一種可被辨識的清晰意象，該意象既是虛幻也是現實，因為「個體化」雖然是一種非己的外力塑成，但它又是社會普遍存在的真實現象。

主體塑成的另一面向是訴諸於「個體性」的影響，這影響是歸於個體自我塑造技術的內在調輸問題。威廉士(R. Williams)指出，「個體性」主要是在強調人本身所具有之「個人存在」(personal existence)的重要指標[14]，不管該指標是否為人天性所有，亦或是經後天環境的涵化，這種「個人存在」對於主體的形成也扮演著關鍵性角色，它經由本身已具有的感受、品味、良心等的綜合構成，來選擇採取抗拒或接受外部環境傾吞的壓力，或者予以調適個體內外之衝擊來達到某種程度的平衡，因此「個體性」肩負著批判的(critical)監視職能，尤其是在接收外部訊息時所發出的一種主觀意志的感受。

對於「個體性」的相關論述已有一段長期的歷史背景，

科層化是與所謂的「民主化」相伴隨的，而其間最能夠去深刻指涉的是「被支配團體的齊平化」。參照《支配社會學 I》(1993)一書，pp.51-6。

[13] Bryan S. Turner, *Religion and Social Theory* (1991), p.161.

[14] R. Williams, *Keywords: A Vocabulary of Culture and Society* (1976), p.135.

它是屬於一種浪漫主義運動(the Romantic movement)思潮下的概念發展。打從笛卡爾(Descartes)的唯心觀念論開始,「我思故我在」(cogito ergo sum)便極大化了人本身個性的存在,而同時啓蒙思想也扣啓了理性時代的大門,是故啓蒙之鑰在於主體。因此啓蒙理性可謂爲主體理性,個體從此獲得了一個理性本質,主體也開始能夠思考。 康德(Kant)指出,「啓蒙是人之超脫於他自己招致的未成年狀態。未成年狀態是無他人的指導即無法使用自己的知性的那種無能」[15],而這種知性就是作爲對一個時代的自我反省,且是維持去持續性啓蒙之所在。傅柯在此辨識出這一意涵而揭示了「批判」的徵兆,他說「康德把啓蒙描述爲人類要運用自己的理性,而不將理性服屬於任何權威的那一刻。就在那一刻,『批判』是必要的」[16],因此理性與批判相伴隨,並化爲個體性的必然機制來對當下情境進行思考。

　　「個體性」除了具內在本質的根源特徵外,它也能接收外部環境的經驗訊息來加以消化融合,而經由這種開放性的職能,「個體性」就能夠隨著所處情境的變更而有著各種調適性的展現,因此從某種層次上來看它也屬於歷史性的產物。這是個體透過本質性的批判監視機能來對外部環境加以內化,而該內化過程也促使「個體性」本身獲致了一種可不斷地自我改造的工程。是以,個體具備了能動

---

[15] Kant,〈答何謂啓蒙〉,收錄於《聯經思想集刊》(1988),p.3。
[16] M. Foucault,〈論何謂啓蒙〉,同上,pp.20-1。

性的體現，它以對未來的可預測性觀點來避免了純粹必然與偶然的兩端極化，也惟有如此，社會方能向前地推進，人際間的交往才成為可能，而主體才能存在。就如柏格(P. Berger)所言，「個體是從內、外在的社會中來辨識自己。這意謂主、客觀的對稱關係絕非一促而成與靜態的。易言之，個體與社會的關係是一種不斷平衡的活動」[17]。

因此，單是「個體性」本身就存在著辯證程序的交織，並且只有在辯證達成同一的時刻主體才能以一種鮮明的姿態展示出來，它架構了主體的性格，鋪陳其品味和嗜好，而與其他的個體相互區別開來。

個人是作為一社會存在的實有體，所以勢必會同時的歷經「個體化」和「個體性」在主體模塑過程中均等或不均等的影響，這種影響將視不同的歷史結構而定。不存在《魯賓遜飄流記》般的虛幻戲幕，只有做為一社會個體才有存在意義，因此主體必定是情境建構下的主體，即是受建構也是本身參與建構的主體，這是主體的雙重性格[18]。所以在對個體塑造時，是不可能落入完全「個體化」的狀態中，這裡是機器人的世界；也不會造就出一個全然「個體

---

[17] P. L. Berger & T. Luckmann，《社會實體的建構》(1993)，鄒理民譯，巨流，p.153。

[18] 傅柯就明白地指出主體的這種雙義性格。"Subject"一字的詞義是「主體」之意，但是它也可以作為「從屬者」來講，如"subject to"。 參照 *The History of Sexuality Volume I.* (1990a), N. Y.:Vintage Books, p.60. *"The Subject and Power".*(1982) in H. L. Dreyfus & P. Rabinow, *Michel Foucault : Beyond Structuralism and Hermeneutics*, Chicago: University of Chicago Press, p.212.

性」主觀意志的隨性世界，而偶然、片斷、零散充塞其間。
然而，個體又是如何地在社會中呈現自身呢？柏格的「外
化」(externalization)、「客體化」(objectivation)、「內化」
(internalization)三項概念可以為此做一說明 ，「人，由於
他的生理構成(biological makeup)的特殊性而不得不外化他
自己。眾人，也集群地在共同的活動中外化了他們自己， 於
此而來便創造了一個人的世界。這世界，包括我們稱為社
會結構的那部分，贏得了對他們來說是具客觀現實性
(objective reality)的地位。而作為客觀現實性的這同一個世
界，又在社會化過程中內化，成為社會化了的個體之主觀
意識(subjective consciousness)的構成部分」[19]，也就是說，
人的任何展示都是在對外部環境投注意義，經由持續的習
慣化過程使得這些展示被定型化(typification)而以一種客體
實在的面貌呈現，爾後這種客體實在又透過社會化過程來
內化進入個人意識，但個人意識是不可能完全的被社會化，
這是因為存在著既有之意識的批判與抗衡使然，所以只能
是主體意識的構成部分。以此，經由這三項概念在個體身
上的體現過程，是可以凸顯出作用於個體之「個體化」與
「個體性」兩者間的辯證關係。

　　總之，「個體化」和「個體性」在個體的展現上是交
相融合又互為抗詰的，惟有融合才有穩定的個體及其所支
撐的社會，而抗詰能賦予個體以創造力來推動世界。個體

---

[19] P. L. Berger, *The Sacred Canopy*(1967), p.81.

在面對外部環境的強力塑造時，必須要有內在意識的回應與支持才能竟全，不存在無主觀意識涉入的外力形塑場景，傅柯在談到一種「道德主體」之建構的觀點時指稱，「沒有任何道德指引(moral conduct)不要求把人本身作為一種道德主體來形塑，也沒有任何道德主體的形塑不需要以『主觀化模式』及其所依賴的『苦行』，或者說『自我實踐』來支撐它們」[20]，所以對個體的建構必然有著這種內外要素的配合。另一方面，雖然當代社會「個體化」之勢似乎是銳不可擋，但是存在於「個體性」中所蘊含的批判機制卻也從不停止。宗教可以做為一個「個體化」場景最好的例證，從中世紀以來它就以一種牧民的姿態規訓著存在個體，不論是教士或俗眾，莫不是以宗教義理來做為其全面和終其一世的生活指引(life conduct)。然而康德在啟蒙的論證上卻指出，「我把啟蒙的要點主要放在宗教事物上。……在宗教上的未成年狀態是所有未成年狀態中最有害且最可恥的」[21]，這並非是全然地否定宗教，而是對一種未成年狀態的宗教依賴性提出強烈的批判，此批判是深刻的，藉由理性之光的照耀，「個體性」在此展露無遺。

---

[20] M. Foucault, *The History of Sexuality Volume 2*(1990), N. Y.:Vintage Books, p.28.

[21] Kant，〈答何謂啟蒙〉(1988)，p.11。

二、個體的宗教化

　　宗教作爲一種「個體化」的外部環境，特別是體現在專門性的宗教科層制度之中[22]，而經由這種具有層級監視的科層特徵，以及其附屬的控制和規訓機制，都在在地強化了對個體的塑造效果，不管是因出生的賦與或者是個別志願性的皈依(conversion)，只要個人一踏入宗教領地，隨即地各種「個體化」束縛便紛至沓來。這是一項持續的過程，打從入門開始便被要求對宗教教規的承受，爾後是生活行事逐漸擴大的宗教化，最終朝向的是塑造全面式「宗教人」之發展。因此，個體的宗教化過程並非是一種革命式的人生割裂，而無寧是屬漸進式的強化塑成過程。

　　「教規」是個體宗教化中最具實踐性的體現，它作爲一項指標性的基本門檻來判定個人的投入或踰越情形，透過它的傾吞，個人從原先存有的世界中被差異化了出來，並且變成了明文教條的擔綱中堅。「不飲酒、不食色」的

---

[22] 這裡可對照盧克曼(T. Luckmann)的「制度化宗教」(institutional religion)觀點。他認爲宗教制度化本身就蘊含著弔詭的現象，因爲最初對制度的建構是爲了讓宗教能夠去涵蓋和決定個人日常生活之各個層面的行爲，並且貫穿其一生中的所有制度與規範，但是，制度化本身就隱含專殊化的成分，持續的發展結果卻使得宗教制度被凸顯出來而與其它制度分離，涵概一切變成部分影響。參照《無形的宗教》(1995)，覃方明譯，漢語基督教文化研究所。

某些宗教戒律之奉行成了區別「昨日我」的標誌，而其間個體姿態之展示更是釋出了一套易於辨識的符號象徵，這是對個體可見形式的開放，並使身體成了一個可被監視與訓育的政治場域。如此，宗教便開始對轉化後的個體進行「製造」。這是科層機器對身體的介入，它部署了一連串的標準裝置來把人強制地投入模塑過程，個體在此間獲得了一個位置，並要求在此位置上身體力行；它設置了等級序列把俗眾和僧徒一一歸位，而依照層級差異來加以分別地監視。於是如同機器般的小齒輪，個體併入了宗教行動以持續地維持宗教運行的流暢，或者財物投入或為勞力之奉獻，從生活細節到特定的日常行為，無一不在持續著對身體實施著一種宗教化控制的展現。

最後是「宗教人」的呈顯。這不再是宗教科層對個體的製造，而是個體獲致了自動控制裝置來對自身加以處置，同時也以自身為範例來展示於他人並予以教化。所以宗教人是個體化情境的完美示範，他使其生命周遭都全面地充滿著宗教氣息，而這種氣息的擴散是對宗教對象(religion object)的實踐，一切的做為皆以「榮耀上帝」為本，個體的存在即以宗教存在為證。

宗教在「人身技術」的開展上除了能直接對身體採行一「個體化」的處置外，它也能夠將其所散發出來的指令內化到人的主觀意識之中，並以此調整原有「個人存在」的導向方位來進行對個體建構或改造的轉化意圖。這是「個體性」職能的表現，是透過個人內在的自我技術所從事的

一項個體塑造工程。事實上，除非人們忘卻了自己的心靈，否則任何外在機制對身體的建構都勢必要有個人主觀意識的介入，也就是個人在被動地承受外部壓力的同時，也經由意識主動地將身體獻祭出去。所以，如果「個體化」係指對身體表層的規訓，那麼「個體性」便是在於對內部心靈的馴服。這種馴服是深刻的，而且是主動的、自動的在個體身上銘刻無遺。

前面已指出「個體性」本身是具備辯證性格的，這是表現在即存意識與外塑意識所構成之意識二重性彼此激盪的關係狀態中。因此就宗教作為一種外部環境的對象物而言，當它對個體進行意識的整肅時，其意義的輸入勢必與即存意識相碰撞，於是便會產生「心靈支配心靈」(mind over mind)的宰制情況發生，或由外來的宗教意識佔據優勢，或是即存意識仍究維持其穩固位置，這皆端視個體內在批判機制所能發揮功能的程度而定。此外，柏格指出「意識的二重性導致了自我的社會化成份與非社會化的成份之間的內在對立，這是在意識之內重申了社會與個體之間的外在對立」[23]，這即意謂著存在於意識之中的二重性其實是體現在個體身上之二重現象(指「個體化」和「個體性」)的縮影，而此縮影使得該宗教對象被映入了意識深層而讓個體獲致了關於它的一種主觀意象，於是這就隱含著一個觀點，也就是宗教作為一外部客體實存與作為一內部主觀意象之

---

[23] P. L. Berger, *The Sacred Canopy* (1967), p.84.

間，在個體的意識中可以被轉化，而這種轉化觀點便使得對宗教私人化現象的探索成為可能[24]。

　　當宗教意識佔據主導地位時，個人將視其為具備一客觀絕對性而拿來當作思維過程中的可參照點，這是從外部現實所投射進來的真理意象，進而使人對它產生了依附情感，此依附情感同時也塑造了個體對宗教對象的絕對服從性格，並且在宗教面前讓自己矮化渺小，甚至形成了一種自我否定的「受造感覺」(creature-feeling)[25]。這是個體被塑造為對宗教的完全臣服，所有在塵世間的行事體驗都是為了顯耀上天，沒有任何的拾取而只有無限的奉獻。相對地，若即存意識仍舊擁有強力的態勢之時，則宗教意識就只能被消溶於即存意識或與之並存來共同構築人之個性存在，這是意識之間的暫時妥協，宗教在此僅是一種相對真理的呈現。因此個人把視為當然之宗教意象轉為主觀的認定選

---

[24] 柏格和盧克曼在 "*Secularization and Pluralism*" (1966)這篇文章中就指出了這個議題。他們認為宗教原本是作為一「實體」而置外於個人意識，並且挾其強大的威力以一「客觀性」(objectivity)意象進入人的心靈，此時這種宗教意象是被視之為真理來存在於個人意識之中。但弔詭的是，當這外在宗教實體不再是強大且唯一的時候，它同時也在個人意識中喪失其客觀性真理的地位。於是，宗教在個人意識中成了人自身主觀的認定，宗教真理取決於人的主觀性(subjectivity)。所以意識中的這種從客觀確證到主觀選擇的變化現象，他們認為是朝向宗教私人化的轉折。請參照 "*Secularization and Pluralism*" (1966), International Yearbook for the Sociology of Religion, pp.73-84.

[25] 這是 R. Otto 所用的語彙。這一語彙是帶有極端的自我鄙視意含，特別是在那深具壓倒性的、絕對性的宗教對象之前，個體將會有著完全無意義感覺的存在。參見 *The Idea of the Holy* (1950), Oxford University Press, pp.8-11.

擇：對參照點的確定性不再取決於外部世界，而是來自於內在意識的主觀感受；對宗教對象之投入不再具備全面，而只是部分式的參與。所以經由「主觀選擇」和「部分參與」這兩層私人化性質的洗禮，宗教實在(religion reality)換成了宗教經驗，對人的馴服換成了人的主觀接受，於此就個體的塑造而言，這已是人為了滿足於存在的自身而不再是為「榮耀上帝」了。

綜上所述，宗教在對個體的形塑過程中將會同時地啟動「個體化」和「個體性」這兩種人身技術的塑造裝置，此間人之姿態也逐漸地以「宗教化個體」的樣貌展示出來，這是生活舉止與態度的養成。佛教的齋戒與僧侶的布褸穿著、基督徒的入世勤奮以及猶太人的律法性格，這些都清楚地點出了宗教在個體技術上的強大效力，是外塑屈迫也好，或使內心臣服也罷，從身體符碼所散發出來的訊息表徵，已足夠去提供一種認識觀來加以對之辨視。 這是宗教在個體身上的直接體現，不僅是個人被動地接受這種傾吞，而且也是主動地參與內部調輸的塑成。

然而，個體的宗教化是否僅只此一種單向度的對待呢？有否可能是人透過宗教來個體化自身以達到某種存在的目的呢？其實韋伯在〈新教教派與資本主義精神〉這篇文章中已隱略地指出宗教的生命意義已由生活手段所代替強調，宗教成了舉止行事的許可通行證，並且也擔負起商業行為的信用確認基準，所以「參與教會將被認知為是一種紳士所具備之道德品格的絕對保證，而這些保證在從事商

業事務時將特別地被要求」[26]。因此，這種個體宗教化之「姿態」的表現反而成了個人主觀意圖的散發，並且其目的是借用宗教之名以形塑個體來進行的一項印象整飾(impression management)之戲劇效果。

無論如何，將宗教視為目的亦或工具僅是個人內在意識著立角度的不同而已(榮耀神或自身存在)，但在對身體的塑造上卻是一樣地顯目。儀式祭典便可作為一個好的說明，它有其依循的一定順序與規則，而參與其中的每一個人都有自己的位置及有著相對應姿態的表現，譬如成年、死亡的蹦越儀式(Passage rites)或追思聖賢的祭孔大典。這是先存著既定的宗教框架好讓獻身投入者來填滿，並以刻好的模鑄將活祭品分別予以塑造，於是個體的可見性便不斷地被凸顯出來，而且更易於以一種宗教主體的相貌來被辨認。

因此個體的宗教化是一項既差異又複製的呈現。它差異了昨日我以重現凌遲化(mortification)的效應，這是不斷「死亡－再生」的循環過程；同時它也佈署了這個過程，以使得新個體能不斷地進入這種複製程序，從而持續地維繫整個差異圖像。所以只要個體開啟或觸動了這台宗教機器，該機器便能自行地運轉，並且回過頭來指向個體，或以外力傾吞或從內部調輸，來企圖將其完全地投入神聖境域的塑造工程。

---

[26] M. Weber, "*The Protestant Sects and the Spirit of Capitalism*" in H. H. Gerth & C. Wright Mills (ed.), *From Max Weber: Essays in Sociology* (1991), Routledge, p.305.

總之，宗教提供了身體技術的展示場景，而個體在其間被劃滿痕跡。這痕跡既是可區隔於他人的印記，又是可凸顯自己所屬身份的標籤。於是人們在這裡重新發現了自己並且找到了歸依，因爲宗教保證個人對主體性的獲取，儘管是含有規訓和馴化意義下的主體，但這卻也是可保障與穩定的屏障根基。所以宗教安置了存在的道德意義，它塑造個體來擔綱終極價値的持續，這是一種「宗教個體」(religion individual)的製造，個體的宗教化在此便完備了自己。

　　所以宗教對個體的塑造就是以「宗教個體」的成形爲最終旨趣，若說宗教對社會有何助益，那便是指它能提供一種穩定或改造現況的動力，而宗教個體即是組成這動力來源的儲備大軍，如此則能作爲影響社會走向的轉轍器。所以任何宗教對個體的塑造是有著一定的指向，不同宗教所存有的差異也會導引個體產生相區隔的呈現，當然有時人們也能在不同宗教間做一契合自己的選擇，於是有著改宗皈依現象的發生，但是不論怎樣的轉變，宗教對個體的影響確是持續深刻的，因爲人們即以它作爲行事實踐的指標來身體力行，同時又從宗教意識所組成的生活指引來對這外在行爲加以反思督促，而經由這種雙重枷鎖般的強力束縛後，個體終將歸入宗教屬民的行列。

三、宗教個體

　　身體技術是造就個體邁向宗教屬民的必然機制，這是一項漸進形塑的過程。不存在沒有任何宗教意象而能突發獲取的神聖經驗，因為神聖概念本身就必須先已建構才能去使其經驗來相符應。所以對個體的宗教化過程便是宗教個體成形的前奏，而宗教個體即是表演著宗教進行曲的根本動力。

　　因此宗教需要擁有植基於自己信仰的屬民，否則將難以立存；也唯以藉由這群信眾的投入和不斷地補充，宗教才能被穩定的支撐與持續地延展。所以，對宗教活力的保證便來自於所屬屬民的絕對忠誠，而其關鍵之處在於這些屬民的自我棄絕程度，佛經的「空」觀和聖經所言「將身體獻上，當作活祭」[27]就是最佳的宗教訴求表徵，這是個體向宗教個體的跨越，是一種關於個體之宗教身分的確認基礎。

　　是故，宗教個體可呈現出一種主體性的開顯特質：它將自己敞開於天光之下來釋放其全然的透明性；並且標明自身的可拆解分割及臣屬樣態所導致的柔順性；以及針對

---

[27] 全文為「所以兄弟們，我以神的慈悲勸你們，將身體獻上，當作活祭，是聖潔的，是神所喜悅的；你們如此侍奉乃是理所當然的。」(羅馬書 12:1)

外部環境干擾所展示出來之抗拒的強力性。這都是個體在經由身體技術的塑造後所具有的特質，而特質間彼此能相互地扣連與增強來達成一種自動運轉的內部體系，並且不斷地自我再製出宗教意象以顯現於外，所以此時不再是以宗教化製造爲必要之機制，毋寧是以一種自己控制的狀態來處置自身爲優位。因此宗教個體本身就是宗教的承載和發散域，該主體性特質不但促使其「生活方式徹底的信仰化」[28]，同時也形構了所處情境的神聖氛圍，這是宗教性(religiosity)力量的展示。

總之，個體的宗教化之效用就在於去塑造一宗教主體的成形，並且是經由身體技術孕育出該主體之特質，這是個體在被塑造後以「宗教個體」的樣貌顯示於眾的可認識標誌，也是主動地呈祭於宗教對象的一種無限開放性的產出。因此就這些特質而言，不僅能夠去顯示出宗教個體的能動性，而且也能使其所具有之主體性更易地被指認出。

透明性

這是個體將自身完全地敞開於宗教對象之下的清澈樣態，沒有任何陰暗地帶。韋伯筆下的新教徒就是處於這種境況當中，也就是說，當缺乏教會的功利性中介連結後，新教徒在面對上帝之眼的凝視時皆是無所遁逃地沈浸於天光之下，而不管這種凝視是否隨時存在，上帝的目光已經

---

[28] John Calvin，《基督徒生活手冊》(1985)，趙中輝譯，基督教改革宗翻譯社，p.7。

深深地刻痕在他的內在深層以使之自動地展現出其可見狀態，這是一項自我控制(self-control)作用的產出與擴散，身體藉此而被完全地刺穿。此外，主體的透明性也體現在宗教之懺法或告解(confession)的儀式情境當中，這意謂著藉由該儀式，個體將能夠受誘導去產生關於自身的一套「真理論述」(a discourse of truth)[29]。這是一項自我透明化的揭示程序，透過話語的鋪陳來使自身攤開於神聖境域，從而行無保留的解剖和獻祭以造就出全然的真理。因此宗教個體是深具透明性質的，尤其在面對著不可見之宗教對象時的那種不對等、不確定的模糊情境所造成的緊張態勢，會使得自身的可見性無盡地去釋放出來。這是一種透明主體的展示，其間行事姿態的擺盪浮現出其終其一生、首尾一貫的處世施為。

柔順性

由於皈依宗教後所產生對原我的棄絕要求，從而使得個體被導向一種可再造模態的可能，以便隨時能夠讓神聖境域來填滿，這是身體在承受宗教氛圍下所綻放出來的柔順狀態，是接受和臣服的全然表白。所以，就以佛教托缽僧的苦行和新教徒致力於塵世的工作為例證，體現在他們日常生活中之自我修持的推力，便是嚮往終極目標的自我證成與宗教精神的自然流露。這是一項柔順行為的表徵，

---

[29] M.Foucault, *Power/Knowledge:Selected Interview and Other Writing 1972-1977.* (1980), Gorden, C. (ed.), N.K.: Pantheon Books, pp.215-6.

是完全地臣服於神聖境域的投入，宛如朝聖或朝山跪拜所具有的那種虔誠情懷和心存喜悅與感激。於此，柔順性構成了宗教個體展示於外的可徵別特質，它使身體打破既存的生理限制來邁向無限的可能，使之開創亦或調適自身於任何處境，以便擔綱起各種宗教功用的極大化效能。

在面對深具終極意義的神聖對象之時，宗教個體必將渺小了與臣屬化了自己，並且也將自動地拆解了自己來隨時地準備奉獻出去。所以柔順的身體彷彿是一只神桌上的祭品，是供作享用的聖禮，因此也是被他者(the Other)射獵的焦距，而宗教主體性即展現在這裡。

強力性

宗教個體在認定其終極意義後所展示出來的行動力，是極具強烈性與主觀意志，特別是當面對外力干擾時所產生的那種反作用力，提供支撐的是一項堅定信念(faith)使然，並將那些外力歸入外邦異端來與其對抗，這是自我主體性的伸張，以護衛所屬宗教領地的神聖性之完滿。因此，宗教個體在此間就不是一具柔順身體的呈現，反而是更加地強化自身的宗教認定以推向於外，並且將之浸染消解和感化；當然，宗教個體也可能不與其爭辯而退入所歸屬的領域，以無言的抗議來保持自身信仰的完整[30]。所以強力性

---

[30] 就這觀點而言可看出宗教與外部世界之間所具有的緊張關係，因為宗教本身便可提供這個抗拒的基礎，就如同 Niklas Luhmann 所言「宗教能夠激起論戰和爭辯，也具有使之瓦解的效力，……該效力可能會促發一種社會活力(social activity)，但也可能導致一種隱退(retreat)」。參照 Niklas

就體現在這種與外力相激盪下之「進可攻退可守」的交戰法則之中，固著原有的終極情感並在抗詰的過程裡更加強化自己所認定的信仰意志。這是一種虔誠信仰的自我證明和展示，個體在其間不斷地揭露自己以一存在的宗教主體來向外宣告，或以不可言語的姿態來做為沈默回應於外的徹底表白。

因此，透明性、柔順性、強力性特質不但深化了宗教個體內在的行為體系，從而也架構了那展示於外的可認識圖像，這圖像是非常顯目的，因它透露著一種虔誠、堅忍和卓異的表徵，以及一套有別於他人的姿態符號。這是屬於主體之個性的本然呈現，是具備著一種宗教性自我的真實流露。

所以宗教個體是煥然一新的個體，存於個體性中的批判機制也採行著一套新的認知準則，並且是依據著這準則來對外部環境的影響作一選擇性之處置。由上可知，宗教個體的主體性特質便是起著擔綱這一準則的參照基點，以此形構自己並顯現於外，這也就是在他所到之處總是瀰漫著宗教氣息的原因，他的存在就是神聖氛圍的發散域。因此，宗教個體擁有了屬於自身的價值體系，並且在經由主體特質的持續運轉下，從而更加地強化和精緻該價值體系，這是一項出於個體內部之自我再製的產出，是對於那體現

Luhmann, "*Society, Meaning, Religion - Based on Self-Reference*"(1985); Sociological Analysis, 46 (1), Spring, 5-20, p.5.

著「宗教人」之終極關懷的神聖使命所進行的一種永遠的
自我經營。

四、小結

　　「身體技術」是探討著對個體如何進行塑造的一個切
入點，經由「個體化」與「個體性」這兩條軸線的鋪陳所
施行的一項內外貫穿之技術，使得個體得以邁向一個可預
知的未來圖形，但此間之個體並非僅是一被動客體的呈現，
亦或是無奈地承受被形塑的壓力，毋寧他本身也提供了一
個積極的動力，一種主體性的介入，以共同地參與對自身
的建構過程。因此，身體技術不是一種機械暴力或意識形
態的強行輸入，相反地，應是包含一項屬人之有意識行動
的表露，是深具著一種思考、反省、批判意識的綜合改造
過程。所以進而言之，「個體的宗教化」也是個體化與個
體性同時交結運行所形構的一場塑造情景，僅管此間宗教
乃做為一外部環境來對個體施加影響，但也唯以透過個人
的志願性意志，以及內在批判機制的接受才能成就宗教化
之效果，因此宗教化並非是一種「洗腦」(brainwashing)的
過程，就如羅伯特(Keith A. Roberts)所指出的，它並沒有全
然地對個體施展一種「完全的身體控制」(total physical

control)的魔力[31]。

宗教化的結果便是以「宗教個體」的塑成為最終標的，而這已是個體之宗教性養成並能體現於外的一種可認識圖像，其圖像的產生是歸屬該宗教主體之個人存在的自動發散，而在透明性、柔順性和強力性等主體特質的顯著展示之下，宗教個體所具有之擔綱性格便由此表露無遺。所以，「宗教與個體」的這種二元關係就在「宗教個體」的實踐中融合為一，在力行身體哲學的形態中已然蘊含著宗教氣息的符號表徵，這是聖俗的交合，是現實世界中的人神同構。

總之，人是意義的追尋者，尤其是投射於那對永恆真理的寄望；而宗教恰是集結著這種終極意義的磁場，得以吸引人到這裡找尋他的歸集。也許當下世界不再視宗教為唯一可供救贖的許諾，然而無疑地，它卻是唯一在歷史上留下了最為長久的影響。因此宗教與個體的關係是有其深遠的歷史情懷，這不是單就物質或利益的箴言所能一語道破，毋寧那也是屬於一種最真執之精神心靈的契合。是故，個體的宗教塑造是一項對意義的獲取過程，而主體就從中

---

[31] Keith A. Roberts 對「洗腦」有一清楚的界定：「洗腦，經常是被用來指涉這一種過程，也就是說，人們是非志願地(involuntarily)去承受一種信仰系統、一組行為或一世界觀的過程」，由此可知，志願性便成了界定洗腦與否的一個重要指標。Roberts 並指出，「洗腦」這一詞通常都被用來批評某些新宗教或用於反崇拜(anticult)的攻擊上，但這些皆只體現著不同宗教間的惡意污衊與批評而已。參照 *Religion in Sociological Perspective* (1990), Wadsworth, Inc., p.102.

得以完備地加以來構造，這是一種靈性身體的塑成，其所
產生的是一個具有生命力與神聖性的新存在對象。

下　篇

政教關係

第四章

大陸的政教關係

自中共政權統治大陸近五十年來，宗教一直浮沈在當局的「收、放」和「既聯合又鬥爭」的不確定狀態中，統治權的保衛及各派系路線之爭是主導宗教走向的根源[1]，然唯一可確定不變的，是宗教必定要消亡的認知，不管它是否會消亡於現在或者是未來。

　　中共視宗教爲一種意識形態[2]，而這種意識形態是與中共所堅持的無神論觀點相矛盾的，但它能在無神論的世界裡存活下來(至少是在官方的認可下)，明顯地只是被作爲「一種統治的手段而已」[3]，是與政治交相糾葛的，這可從宗教事件經常被以政治問題來對待和處理的狀況中看出。儘管中共掛言「政、教」分離的口號，但這皆只是宗教不能干政，不能干涉行政、司法、教育甚至婚姻，而政治卻可以肆無忌憚的介入宗教，包括宗教信仰、事務、司職人員、活動和場所等等，所以實質上就宗教而言，中共係採「以政領教」的統治型態。

---

[1] 譬如文革後，鄧小平的「改革、開放」主張在各勢力路線之爭中脫穎而出，宗教於此被視爲是統戰的工具而對其控制漸益放鬆；然在「六四事件」及東歐蘇聯的解體之後，中共有感於「和平演變」的恐懼及反動勢力的抬頭，爲保衛其政權的有效性而強化了對宗教的管理、控制。

[2] 這可從中共內部，對「六五」計劃期間之全國哲學社會科學重點科研項目中的一個重要宗教研究成果中看出。在這本名爲《中國社會主義時期的宗教問題》一書中，開宗明義即言「宗教，是一種意識形態」，如此可謂爲中共對宗教之具普遍代表性的認知。參見羅竹風主編，上海社會科學院出版社，1991，p.1。

[3] 鄭志明，〈兩岸宗教交流之問題與展望〉，收錄於《兩岸宗教現況與展望》(1992)，學生書局，p.67；及收錄於《兩岸文教交流論文選集(一)》(1992)，行政院大陸委員會印行，p.265。

探討宗教五十年來在大陸的發展，一般是依據《中國社會主義時期的宗教問題》一書裡所區分之四時期，再加以延伸爲五階段[4]：

第一階段(自 1949 年至 1957 年)

在這段時期中，中共迫使基督教會走向自治、自養、自傳[5]的道路；並且要求各宗教揭露、批判帝國主義、封建階級利用宗教的行爲，以及取締各種反動會道門[6]，清除潛藏在宗教組織和宗教團體內的反革命分子。

第二階段(自 1958 年至 1966 年)

中共發動宗教界進行愛國主義和社會主義學習，鼓勵參與力所能及的勞動。但此時「黨」的工作指導方針在對宗教工作和貫徹政策方面，「左」的傾向逐漸滋長，並企圖採取行政手段來消滅宗教，沒收教堂、寺廟財產，停止正常宗教活動，勸說退教，所以此階段的宗教活動被迫從公開轉入隱蔽。

---

[4] 參見陳啓章，《大陸宗教政策與法規之探討》(1993)，行政院大陸委員會印行，pp.27-31。

[5] 這也就是所謂的「三自教會」，特別是針對基督教、天主教而言。歸納中共對「三自」的解釋如下：
「自治」，要求各教斷絕與帝國主義的關係，本著愛國愛教的精神推展基督教教務工作。
「自養」，要各教斷絕與帝國主義的經濟關聯，拒絕接受帝國主義的資金接濟。
「自傳」，徹底肅清帝國主義殘餘思想的影響，各教會傳講合乎聖經的基督純正福音，鼓勵教牧人員對聖經真理的認真研究。
參見《大陸宗教現況簡介》(1996)，行政院大陸委員會印行，pp.12-3。

[6] 會道門，即中共所指地下非法宗教之主持人及其信徒，而被視爲是一「反

第三階段(自 1967 年至 1976 年)

在文革十年的動亂期間，林彪、江青極化「左」的傾向來推行對宗教的「極左路線」，取消「黨」和「政府」對宗教的工作。這時期從中央到地方的宗教工作部門通通被撤消，所謂「愛國宗教組織」也被迫停止活動，而在「橫掃一切牛鬼蛇神」名義之下，砸教堂、拆寺廟、焚經書、毀佛像、燒法器、禁止唸經、作禮拜、望彌撒等，一切宗教活動均被禁止。

第四階段(自 1976 年至 1988 年)

中共在粉碎江青「反革命集團」後，依據十一屆三中全會決定「把宗教工作的著重點轉移到團結廣大信教群眾和宗教界愛國人士，積極參加社會主義現代化建設的偉大事業中來」，並將以往錯誤通通諉因給「林彪四人幫對宗教政策的干擾破壞及其造成的後果」。所以在此階段中共中央為統一對宗教的認識與步調，便於 1982 年 3 月 31 日發佈「關於我國社會主義時期宗教問題的基本觀點和基本政策」(十九號文件)，對宗教問題之「正反兩方面的歷史經驗作了全面的總結」。

第五階段(自年迄今)

自「六四事件」及東歐蘇聯接續發生民主化轉變後，為防止學潮、「反動勢力」的再度興起以及境外「和平演變」的推動力量，中共開始全面的採行緊縮與管制策略。此時期

動團體」。

在宗教方面，中共「國務院」於 1991 年 2 月 5 日發出「中共中央國務院關於進一步做好宗教工作若干問題的通知」(六號文件)，加強對各宗教活動的管理、控制，嚴格取締非法的宗教活動，以穩定中共政權。

　　由上述可知，大陸宗教發展的變異端視統治當局的政治處境，政權穩定則對宗教的管制就會放鬆，而一但政權受到內部或外來力量的挑戰時，對宗教的壓制便處處可見，這是因爲打從根本上中共就已認定「宗教問題即是信仰問題、思想問題、也是政治問題」[7]，因而既然宗教問題是政治問題，那麼當然要把宗教當成政治對象來看待，並以統治的心態來料理宗教。因此，宗教成了一個被統治的客體，其統治的技藝當然也就會處處地體現在宗教發展的過程中，然值得注意的是在綜觀歷史的軌跡後，中共對宗教的基本觀點依然是那麼的首尾一貫，對宗教的打壓與控制直到近年來依然是如此的前後一致[8]，然由於宗教又被中共視爲具有一種上層結構的政治性特點，不但可以藉其在思想意識上影響人民，而且更可使其具備制度組織來掌控人民。所以宗教對中共而言，自始以來便深具著統戰意義。底下，我們將以統治的技

---

[7] 李豐楙，〈當前大陸道教的發展及其情況〉，收錄於《兩岸宗教現況與展望》(1992)，學生書局，p.223。

[8] 李振英就深刻的指陳說，「中共在大陸取得政權後，一直把對付宗教看作重要政策之一。這其間對付宗教的手段有分化、鬥爭、控制、利用、打壓、迫害、統戰等方式。但是四十年來，其基本觀點並未改變。」參見〈兩岸宗教文化交流的意義、重要與態度〉，收錄於《兩岸宗教現況與展望》(1992)，學生書局，p.17。

藝[9]來考察中共對宗教所採行的統治型態。

一、道德性

　　眾所周知，中共係奉行馬克思、恩格斯及列寧爲革命導師來作爲其在思想及行動上的終極指導，因此他們對宗教的思考也就遵循著馬列主義的宗教觀而來。馬克思以「鴉片」一詞概括了對宗教的認識，然宗教並非單獨成爲馬克思的認識對象，而是必須被放在社會階級脈絡下來思考，並且要從政治的角度上來理解。是故，「宗教是被壓迫生靈的嘆息，是無情世界的感情，正像它是沒有精神狀態的精神一樣。宗教是人民的鴉片」[10]的這一名言便是此一角度的重要解讀。馬克思關心人的解放，並且認爲人的解放首先是要把神學問題化爲世俗問題，這是因爲「政治解放和宗教的關係問題已經成了政治解放和人類解放的關係問題」[11]，所以認清「宗教的關係問題」是探討「人類解放的關係問題」的必要前提。對此，馬克思承續費爾巴哈「宗教，就是人對自身的關係」[12]之看法，並且肯定地說：

---

[9] 關於統治技藝的問題，請參閱本書第一章。

[10] 馬克思，〈黑格爾法哲學批判導言〉，收錄於《馬克思、恩格斯選集》卷一(1972)，北京人民，p.2。

[11] 馬克思，〈論猶太人問題〉，收錄於《馬克思、恩格斯全集》卷一(1965)，北京人民，p.425。

[12] 費爾巴哈，《基督教的本質》(1995)，榮震華譯，北京商務，p.44。

反宗教的批判的根據就是：人創造了宗教，而不是宗教創造了
人……宗教把人的本質變成了幻想的現實性，因為人的本質
沒有真實的現實性。因此，反宗教的鬥爭間接地也就是反對以
宗教為精神慰藉的那個世界的鬥爭。[13]

　　因此我們可以清楚地知道馬克思將宗教納入政治批判
的領域，從而對宗教所造成人的異化現象進行嚴厲的控訴。
而為了改變這種異化現象，為了消解人與宗教的這種顛倒關
係，只有透過革命實踐的轉換，「只有當實際日常生活的關
係，在人們面前表現為人與人之間和人與自然之間極明白而
合理的關係的時候，現實世界的宗教反映才會消失」[14]。
　　為呼應馬克思對宗教問題的看法，恩格斯也直言宗教
是人在認知世界時所產生的一種虛幻，他指出：

一切宗教都不過是支配著人們日常生活的外部力量在人們頭腦
中的幻想的反映，在這種反映中，人間的力量採取了超人間的
力量的形式。[15]

　　這指明了宗教在此間不但是人類意識幻想的反映，而

---

[13] 馬克思，〈黑格爾法哲學批判導言〉，收錄於《馬克思、恩格斯選集》卷
　　一（1972），p.1。
[14] 馬克思，《資本論》卷一(1994)，吳家駟譯，時報出版，pp.96-7。
[15] 恩格斯，〈反杜林論〉，收錄於《馬克思、恩格斯選集》卷三(1972)，北

是更被對象化爲「超人間力量」來展現在人的面前且獲具了一種神聖性，最後又反過來「支配著人們日常生活」。這是非常弔詭的現象，人們創造了一個虛幻世界把自己投身進去，且甘願受那超人間力量的撫慰來忘卻現實的痛苦，而這種異己的支配力量特別是能夠符映於資本主義社會，因爲資本主義社會普遍浮現著「謀事在人，成事在天」的觀點。針對此種現象，恩格斯即清楚的表明，唯有轉換成「當謀事在人，成事也在人的時候，現在還在宗教中反映出來的最後的異己力量才會消失，因而宗教反映本身也就隨著消失」[16]。

列寧就「鴉片」這一名言陳述，強調是馬克思主義在宗教問題面向上之全部世界觀的基石，也就是說，「鴉片」已成爲馬克思主義者論述宗教的代名詞，人的宗教就是人的鴉片。但列寧更進一步強調的是宗教的實質效用性問題而表示「宗教是麻醉人民的鴉片。宗教是一種精神上的劣質酒」[17]，這種凸顯出鴉片麻醉效果及劣質酒的意涵是更爲地著重現實作用上的批判，他認爲宗教在消極上可叫人逃避現實而麻醉於另一世界的寄望，而在積極上是剝削者所用來毒化受剝削人民的精神毒物[18]。因此，要消解宗教就必須從社會階

京人民，p.354。

[16] 同上，p.356。

[17] 列寧，〈社會主義和宗教〉，收錄於《列寧全集》卷十(1958)，北京人民，p.63。

[18] 溫偉耀就注意到列寧所指「宗教是麻醉人民的鴉片(opium *for* the people)」是有別於馬克思的「宗教是人民的鴉片(opium *of* the people)」，他指出列寧在「鴉片」的陳述上是著重在對宗教作用的批判上，而非只是對宗教本質上的否定而已。參見《共產主義與基督教》(1993)，香港天道書樓有限

級的剝削現實來下手，而不能只停留在純粹抽象上及理論上
的攻擊，他說：

> 我們應當同宗教作鬥爭。這是整個唯物主義的起碼原則，因而
> 也是馬克思主義的起碼原則。但是，馬克思主義不是停留在起
> 碼原則上的唯物主義。馬克思主義更前進了一步。它認為必須
> 善於同宗教作鬥爭，為此要善於用唯物主義觀點來說明群眾中
> 的信仰和宗教的根源。同宗教作鬥爭不應該限於抽象的、思想
> 上的宣傳；而應該把這一鬥爭同消滅產生宗教的社會根源的階
> 級運動的具體實踐聯繫起來。[19]

　　這就是列寧對馬克思主義宗教觀的釋義，他凸顯了宗
教的效用性並實際地剖析其在階級關係中的剝削行徑，並
強調要善於運用唯物主義來和宗教作鬥爭，以從消除那產
生宗教之社會根源著手來徹底消滅宗教。
　　綜上所述，儘管馬列主義的哲學基礎及其宗教觀是淵
源於十八世紀之後的唯物思想和無神論，但實質上馬克思、
恩格斯和列寧的思想早已超越了它們，其不僅是反對宗教，
而且更主張要以實際的鬥爭方式來打倒宗教。對此，毛澤東
就強調說「必須將馬克思主義的普遍真理和中國革命的具體

公司，pp.275-6。
[19] 列寧，〈論工人政黨對宗教的態度〉，收錄於《列寧選集》卷二(1972)，
　　北京人民，p.378。

實踐完全地恰當地統一起來」[20]，這是要求理論與實際結合的指陳，以符應中國國情的現實狀況，於是，爲以符應現況爲主軸而來的統戰策略——聯合次要敵人，打擊主要敵人——便成爲對待宗教的暫行手段，他在其〈新民主主義論〉一文中就明確地指出：

> 中國無產階級的科學思想能夠與中國還有進步性的資產階級的唯物論與自然科學思想，建立反帝反封建反迷信的統一戰線。但是決不能與任何反動的唯心論建立統一戰線。共產黨員可以與某些唯心論者甚至宗教徒建立在政治行動上的反帝反封建的統一戰線，但是絕不能贊同他們的唯心論或宗教教義。[21]

也就是說，在爲打擊主要敵人「帝國主義」時是可以允許與次要敵人「宗教」建立起統一戰線，這端視當下的社會現實而定。但此間必須注意的是，一旦主要敵人被摧毀而使得次要敵人上升爲主要敵人時，屆時宗教必將成爲受批判的標靶，何況毛澤東向來視「神權是束縛中國人民的繩索」

---

[20] 毛澤東，〈新民主主義論〉，收錄於《毛澤東選集》卷二(1951)，北京人民，p.707。
事實上，毛澤東的這一席話成了日後中共在看待宗教時的指導原則。在中共十二大的開幕詞中就指出，「把馬克思主義的普遍真理同中國的具體實際結合起來，走自己的道路。」也就是說，中共必須依據國情、依據當下的經濟文化而來把馬克思主義溶入對社會主義的建設當中。參見朱淑美，《中共基督教政策之研究：人民日報(1976-1995)的分析》(1997)，台大三研所碩士論文，pp.61-2。

[21] 同上，p.707。

[22]，因此從根本上就反對一切他所謂的迷信思想。

所以在唯物論者眼中，宗教是純粹唯心主義的展現，且這種唯心觀點是導致人們無法正確認識世界的主要障礙。於是為拔除這種認識上的障礙，唯物論者便強調科學思想的重要性，並認為惟有讓科學知識的普及，和歷史唯物論、辯證唯物論的傳播，方能使人民擺脫宗教的麻醉效用而樹立對世界正確的認識觀。史達林就曾經說過「任何宗教總是同科學敵對的東西」[23]，所以為使馬克思主義的科學思想能夠普傳全民，便必須同宗教的唯心主義作鬥爭，以達到「徹底無神論」的主張。然而，當馬克思主義的這種「徹底無神論」被無限上綱來作為一種認知世界的義理時，其所呈現的不也是一種宗教觀嗎？對於此類新宗教的探求，湯恩比(Arnold J. Toynbee)在研究蘇維埃政權時，便指陳「惡名昭彰的馬克思共產主義，也正是現代西方哲學的變形，不過幾十年的時間，它已經面目全非，變成一種無產階級的宗教，採取暴力路線，以寶劍在俄羅斯平原上，雕刻出它的新耶路撒冷。」[24]另外，羅素(B. Russell)乾脆就把共產主義看作是一種宗教，他將共產主義與基督教作一比照[25]：

---

[22] 毛澤東，〈湖南農民運動考察報告〉，收錄於《毛澤東選集》卷一(1951)，北京人民，p.31。

[23] 轉引陸以哲，《中共怎樣對待宗教？》(1953)，友聯出版社，p.2。

[24] 湯恩比，《歷史研究》上(1984)，陳曉林譯，桂冠出版，p.767。

[25] 參見陸以哲，《中共怎樣對待宗教？》(1953)，pp.5-6；以及溫偉耀，《共產主義與基督教》(1993)，p.16。惟溫偉耀是把最後一項比照譯為「國際共產化的日子↔千禧年」。 另一方面，梁家麟在論述基督教與馬列主義時，也從教義、教團、教規中指陳馬列主義是一宗教。參見《困乏多情：

唯物辯證法 ⟷ 耶和華(上帝)

馬克思 ⟷ 彌賽亞(救世主)

無產階級 ⟷ 選民

共產黨 ⟷ 教會

革命 ⟷ 耶穌之再來

對資本家的處罰 ⟷ 地獄

共產社會的理想 ⟷ 天堂

因此我們可以稱馬克思共產主義是一種宗教，或說是具有一種宗教型態、宗教性，或指陳它是一種「沒有宗教真諦的宗教架局」[26]。然這種敵視宗教的「宗教架局」又是如何地展示自身不同於宗教的宗教內核呢？在《宗教學通論》一書中大陸學者便提出一種「科學的宗教觀」來展示馬列主義的宗教論述：

> 從科學的宗教觀來看，所謂神，實質上不過是人把自己的本質和屬性加以異化的結果；人對神的崇拜，是人神關係的顛倒，是人把自己的創造物當成了人的創造主，而人反倒成了自己所造之物的奴隸，這是人性和人的本質的喪失。由於這種喪失，人不再是實現了人的本質的真正的人。如果要使人成為真正的

中港教會評論集》(1997)，建道神學院，p.4。
[26] 陸以哲，《中共怎樣對待宗教？》(1953)，p.5。

人，就必須把喪失了的人性從神那裡奪回來，恢復和實現人的本質，克服人性的異化。我們的時代是一個科學昌明、文化發達、社會進步的偉大時代，在我們這個時代裡，應該實現人的本質，喚起人的自覺，消除宗教幻想的精神束縛。[27]

　　說到底，所謂科學的宗教觀最終還是要消滅宗教，也就是消滅以神為主體的宗教觀，而代之強調科學的人或主義[28]來填補神的空缺，以便在同等的位置上訴諸其所依循來的共產主義「宗教」道德來與有神論的宗教進行「道德之爭」。列寧早就洞視了這場「道德之爭」，他強烈地抨擊宗教並闡述要「我們摒棄從超人類和超階級的概念中引來的這一切道德，……說這是欺騙，這是為了地主和資本家的利益來愚弄工農，禁固工農的頭腦。」[29]，也就是說，他要我們拋棄那依據有神論而來的宗教道德，因為它是地主和資本家所用來愚弄工農的一種欺騙，這種欺騙又僅只是人的自我欺騙，而宗教是人所構作，所以它只是虛幻。

　　有神論的宗教道德在與馬列主義的鬥爭中失利，但接

<hr />

[27] 呂大吉主編，《宗教學通論》(1993)，博遠出版，p.6。

[28] 就人而言，中共在文革時期便曾把毛澤東神化，當時紅衛兵在焚毀佛像及各種迷信物品時，更以毛澤東之肖像及毛語錄取代，可見毛澤東被以人神形象待之係時有耳聞。參見鮑家麟〈1949 年以來中共政權與宗教〉，收錄於《中國近代政教關係國際學術研討會論文集》(1987)，淡江大學歷史系，P.309。另外就主義言之，基本上主義意指一種目的的趨向、以及此趨向背後的價值體系或世界觀，因此從功能性的定義視之，它也具備著一種宗教的性質。

[29] 轉引溫偉耀，《共產主義與基督教》(1993)，p.52。

著揚聲而起的，卻是另一種具備宗教性的共產主義道德，這種共產主義道德如同宗教道德般而試圖爲社會勾勒出未來烏托邦式的倫理藍圖，並提供一切社會規劃之指導方針的合理根源。中共至今仍是沉淪在這種共產主義道德所勾勒的藍圖之中，任何政策的施行方向皆以馬列主義爲馬首是瞻，當然宗教政策也不例外。在中共內部的一本重要研究專著《中國社會主義時期的宗教問題》中就明確地指出：

> 社會主義社會是從舊社會脫胎而來的新型社會。社會主義社會中的道德倫理是個總體，它的結構是多層次的。其中共產主義道德是高層次的，是先進份子的行爲規範，另外還包括其它不同層次的道德規範，作爲宗教徒行爲規範的宗教道德就是其中組成層次之一種。[30]

此間，宗教道德被置於下階地位，並且是受制於位居高層次的共產主義道德的指導，而這種道德主從性關係，更反映在中共官方人員的普遍論述之中以作爲他們行事認知的依循。譬如在一九八二年當時全國人大常委會副委員長、中國佛教協會名譽會長班禪額爾德尼·卻吉即認爲「宗教人員和信教群眾應該明確認識到自己首先是共產黨領導的中華人民共和國的一個公民，其次才是一個宗教信徒，必須先愛黨愛國、愛社會主義，成爲一個好公民，才是真正愛國的好教

---

[30] 羅竹風主編，《中國社會主義時期的宗教問題》(1991)，p.136。

徒」[31]，共產主義與宗教成為一種單向的指導關係，而這種必要性認知就連那宗教領導人物也不能倖免，甚至「連講經也必須牽就中共理論」[32]，不但僧尼被迫要學習馬列主義和毛澤東思想，更令人驚訝的竟然是介入回民的信仰聖殿，來「強迫清真寺懸掛毛澤東照片」[33]。

是故，依據馬列主義和毛澤東思想而來的共產主義道德，已成為中共統治之最高精神的指導準則，其本身也形構出它曾經指陳宗教般的那種意識形態，並為捍衛所謂無產階級的天堂而不曾停歇，以此則凡構成該往天堂道路上的任何障礙物，便要為它所排除與銷毀。所以共產主義不能與宗教平行並列，因為既是共產黨員便不能是宗教信徒，只要成為了上帝的選民就必然要被排除出共產黨門外；只有接受共產主義的領導時宗教才能存在，惟有能被納入共產黨管制下的宗教信徒方有活動空間。共產主義道德是一切道德的根本或準繩，因而它也範定了所有日常行事的界限。

共產主義道德是中共在統治運作上之合法基礎的來源，因為它已事先設定了所謂正當性的論述宣稱，從而也保證了可持續經營之統治的有效性存在；另一方面，它又如同宗教道德般地生產著被支配者心靈創傷時的撫慰作用，進而能夠深入對個體心靈的馴服以使之產生對黨的自動順從，這

---

[31] 〈人民日報〉，1982 年 11 月 12 日，轉引朱淑美，《中共基督教政策之研究：人民日報(1976-1995)的分析》(1997)，pp.70-1。
[32] 鮑家麟，〈1949 年以來中共政權與宗教〉，收錄於《中國近代政教關係國際學術研討會論文集》(1987)，p.307。

是把共產主義道德轉化為社會道德或個人道德所產生的行為效應。因此，共產主義道德構造了中共統治的合理性，並且首尾一貫地強化「四個堅持」[34]以作為政策發佈及權力施行的保護傘，而這種道德指向的政治貫徹，是可以由幾十年來中共官方領導人的言說和各式內部文件的呈述清楚地來辨識出[35]。

　　總之，大陸宗教的發展一直是受制於共產主義道德的約制，儘管中共一再地宣稱宗教信仰自由，但其自由程度卻只能是局限於此道德的可容忍範圍之內，然值得注意的是，此間每當宗教與共產主義發生道德上的矛盾時，往往這種外在矛盾隨即會轉換入宗教的內部，而使得原宗教領域所具有之終極價值弱化，也就是被強力介入的共產主義道德貶低其位置；或者是乾脆將其終極價值共產主義化，以尋求宗教在此逆境中的自我保存。

---

[33] 陳啓章，《大陸宗教政策與法規之探討》(1993)，p.53。
[34] 「四個堅持」即是「堅持社會主義道路」、「堅持無產階級專政」、「堅持共產黨的領導」、「堅持馬克思列寧主義、毛澤東思想」。
[35] 這種例子可說是不勝枚舉，以就宗教問題而來的代表性例子來說，江澤民即曾經在全國宗教工作會議中說道：「……要向廣大黨員、幹部進行馬克思主義宗教觀和黨的宗教政策的教育，要向廣大人民群眾特別是青少年進行科學世界觀的教育。」轉引朱淑美，《中共基督教政策之研究：人民日報(1976-1995)的分析》(1997)，p.99。另外，中共官方中最重要的一份關於宗教的文件〈關於我國社會主義時期宗教問題的基本觀點和基本政策〉(十九號文件)中也指出，「黨的宗教政策，絕不是臨時性的權宜之計，而是建立在馬克思列寧主義、毛澤東思想的科學理論基礎之上的」，參見本書附錄一。

一、謀略

謀略，是為意謂著一種具意圖性的目的與設計，其目的與設計係包括被形諸於文字的政策主張，以及其背後所指涉之較深層意涵，而這種意圖性目的與設計之釋出旨在進行一項影響、改造、甚至顛覆某一事態的可呈現結果。

就中共對宗教所採行的謀略來說，其統戰意涵特別地明顯，並且是充滿著以政領教的統治設計，這可從五○年代陸續成立之「全國性宗教組織」所規定的成立宗旨或基本任務中看出。譬如[36]：

一九五三年六月所成立的「中國佛教協會」，其宗旨為：「在共產黨和政府的領導下，在宗教信仰自由政策和民族團結政策的指引下，團結全國各族佛教徒，發揚佛教優良傳統，為開創佛教徒為四化建設、祖國統一和維護世界和平事業服務。」

一九五七年四月所成立的「中國道教協會」，其宗旨為：「協助共產黨和政府貫徹宗教信仰自由政策，團結全國道教界人士，積極參加四化建設、為實踐祖國統一，維護世界和平貢獻力量。」

---

[36] 參見陳啟章，《大陸宗教政策與法規之探討》(1993)之附錄參〈大陸地區宗教組織、研究機構及活動場所〉， pp.184-8。

一九五七年八月所成立的「中國天主教愛國會」，其任務爲：「繼續高舉愛國主義的旗幟，堅持獨立自主、自辦教會的方針，反對任何外來勢力對我國教會的干涉和控制」、「繼續協助政府全面貫徹宗教信仰自由政策，同時向神長教友廣泛地進行愛國守法教育，自覺地遵守國家政策法令。」

　　一九五四年八月所成立的「中國基督教三自愛國運動委員會」，其任務爲：「繼續高舉愛國主義旗幟，維護宗教信仰自由，堅持自治、自傳、自養的原則，警惕海外極少數別有用心的人利用宗教進行滲透活動，堅決反對任何外來勢力對中國教會的干涉和控制，不允許任何人借基督教的名義進行違法活動，辦好具有中國特色的教會。」

　　一九五三年五月所成立的「中國伊斯蘭教協會」，任務爲：「協助共產黨和政府全面貫徹宗教信仰自由政策；加強各民族大團結，爲建設社會主義強國而努力。」

　　諸如此「在共產黨和政府的領導下」、「協助共產黨和政府全面貫徹……」、「繼續高舉愛國主義旗幟」等宗旨或基本任務的宗教組織標語中，即明顯地展示了以政領教的意圖，特別是當初爲籌備「中國佛教協會」之組織時，在統戰部監督策劃下由巨贊等人起草方案，結果巨贊在擬妥章程後表示：「不能不先請示於統戰部」[37]，由此可知，以政領

---

[37] 參見鮑家麟，〈1949 年以來中共政權與宗教〉，收錄於《中國近代政教關係國際學術研討會論文集》(1987)，p.305。

教和統戰策略是中共自 1949 年以來(除文革時期外)對待宗教的主要謀略。另外，在這些標語中所謂「宗教信仰自由」卻是被置於這些以政領教的意圖之後，或者換句話說，「宗教信仰自由」必須在以政領教的意圖架構下才得以存在，此便可看出中共的宗教「自由」是必須被加上括弧的，這是一種具備政治前提設定下的宗教「自由」。

文革後，中共又重申這些「全國性宗教組織」[38]的基本任務是：

> 協助黨和政府執行宗教政策，幫助廣大信教群眾和宗教界人士不斷提高愛國主義和社會主義的覺悟，代表宗教界的合法權益，組織正常的宗教活動，辦好教務。一切愛國宗教組織都應當接受黨和政府的領導，充分發揮愛國宗教組織的積極性和應有的作用，展開有益的工作，成為有積極影響的宗教團體，成為黨和政府團結和教育宗教界的橋樑。[39]

其第一句話「協助黨和政府執行宗教政策」依然是各宗教組織所必須遵守之統戰策略的前提設定，而「一切愛國宗教組織都應當接受黨和政府的領導」更表明了以政領教的

---

[38] 到了八○年代，所謂「全國性宗教組織」一共有八個，即「中國佛教協會」、「中國道教協會」、「中國伊斯蘭教協會」、「中國天主教愛國會」、「中國天主教教務委員會」、「中國天主教主教團」、「中國基督教三自愛國運動委員會」、「中國基督教協會」。

[39] 參見附錄一，1982 年的〈關於我國社會主義時期宗教問題的基本觀點和基本政策〉(十九號文件)。

原則。職是之故,中共對宗教組織係採一條鞭式的統治方式,並且是逐層地往下貫穿,就以三自會組織為例,截至 1982年該組織已從重建省級組織進行到重建縣級組織,待該重建工作完成,則有關國家政令的傳達以及政府與黨之宗教政策的貫徹,便能更加地來完全掌握[40],這是一種由上而下式的滲透。另外就針對各地區宗教組織而言,如道教的〈青城山宮觀管理試行辦法〉草案第二條就特別地強調,「青城山道教宮觀管理委員會必須在各級政府宗教事務部門領導下,由道眾自主管理,並接受上級道協會的指導。」其間政府指導力量貫徹於道教內部,並決定該教團組織內的各種生活與活動[41],這是一種由外而內式的滲透。

因此,在以政領教下的這種「由上而下」及「由外而內」的政策施行方式,其統治意志的貫徹將能以點、線、面的布署來逐漸地擴散開。

而到了「六四事件」後,中共在這種政策貫徹的基礎上,更加採取法令的頒行來具體地規劃、管理宗教工作,這時期的內部宗教文件中更詳細地寫道:

省(自治區、直轄市)、市(地、州)和宗教工作任務繁忙的縣(區),政府應設立宗教事務機構,列入政府序列。一般縣(區)已設立

[40] 查時傑,〈大陸基督教會近十二年來的發展〉,收錄於《兩岸宗教現況與展望》(1992),p.192。
[41] 李豐楙,〈當前大陸道教的發展及其情況〉,收錄於《兩岸宗教現況與展望》(1992),pp.235-6。

宗教機構者，應予以保留，沒有設立宗教機構的，可與有關部門合屬辦公，配備專職幹部。有宗教工作任務的鄉鎮要有人分管宗教工作，任務重的要配備專職幹部。[42]

這敘述是關係到整個中央到地方宗教事務機構之具體組織的嚴密性問題，待該組織架構被安置和鋪設好之後，中共對宗教的控制與管理也就將會日趨地如細網般的周密。

總之，就如 1991 年中共官方發佈的內部文件中所言，「黨對宗教工作的領導，主要是政治領導，掌握政治方向和重大方針政策。」[43]這挑明是以政領教的政策性宣言，並且是把宗教問題納入政治議題來思考。而這種思考方式，也可以從中共幾次憲法所明定的「宗教信仰自由」之表述中來理解。有關「宗教信仰自由」部分，中共歷次的憲法條文規定如表 4-1[44]。

---

[42] 參見附錄二，1991 年的〈關於進一步做好宗教工作若干問題的通知〉(六號文件)。

[43] 同上。

[44] 轉引陳啓章，《大陸宗教政策與法規之探討》(1993)，pp.37-8。此表為筆者所加。

表 4-1　有關宗教信仰自由部分中共歷次憲法條文的規定

1954 年的「憲法」 第 87 條：中華人民共和國公民有言論、出版、集會、結社、遊行、示威的自由。國家供給必須的物質上的便利，以保證公民享受這些自由。 第 88 條：中華人民共和國公民有宗教信仰的自由。
1975 年的「憲法」 第 28 條：公民有言論、通信、出版、集會、結社、遊行、示威、罷工的自由，有信仰宗教的自由和不信仰宗教、宣傳無神論的自由。
1978 年的「憲法」 第 45 條：公民有言論、通信、出版、集會、結社、遊行、示威、罷工的自由，有運用「大鳴、大放、大辯論、大字報」的權利。 第 46 條：公民有信仰宗教的自由和不信仰宗教、宣傳無神論的自由。
1982 年的「憲法」 第 35 條：中華人民共和國公民有言論、出版、集會、結社、遊行、示威的自由。 第 36 條：中華人民共和國公民有宗教信仰的自由。任何國家機關、社會團體和個人不得強制公民信仰宗教和不信仰宗教，不得歧視信仰宗教的公民和不信仰宗教的公民。國家保護正常的宗教活動。任何人不得利用宗教進行破壞社會秩序，損害公民身體健康、妨礙國家教育制度的活動。宗教團體和宗教事務不受外國勢力的支配。

　　從此表 4-1 中可知，儘管中共在歷次制定的憲法中仍載明「宗教信仰自由」，但此自由所呈現的意涵卻在各時期間存有著差異。

在 1954 年的憲法中，中共將明言「宗教信仰自由」的文句獨立載爲一條(即第 88 條)，這係依據當時各國憲法中所普遍對宗教自由的保護規範[45]；然在 1975 年的憲法當中，中共將原憲法中的第 87、88 條條文合而爲一，而獨立載爲一條(即第 28 條)，此間不但關於宗教自由部分被移至後文，而且更增列了「不信仰宗教、宣傳無神論的自由」等說明文句；到了 1978 年中共所修定的憲法中，「宗教信仰自由」的文句又被獨立載爲一條(即第 46 條)，但此間在強調宗教自由的同時，也凸顯出了「不信仰宗教、宣傳無神論的自由」的重要性；最後在 1982 年的憲法中，中共更將宗教信仰自由的涵義擴大解釋(即第 36 條)，並以 131 個字來詮釋其所謂宗教自由的保護範疇及限制。

　　針對中共憲法歷次對「宗教自由」條文制定上的發展演變，有大陸學者認爲前三部憲法之規定是「比較簡單」，而「1982 年憲法對於宗教自由的方針、原則，作了比較全面的規定。」[46]其實，如果我們對上述憲法條文文義稍加斟酌，是不難看出中共在宗教問題上立法的用意，也就是說，雖然中共在憲法上直稱保護宗教信仰自由，但是它也強調保

---

[45] 對這種宗教自由之普遍規範性的訂定，瞿海源在其對各國憲法中有關宗教條款的國際比較分析中就已指出，在被分析的國家中有 89%訂有「人民有宗教信仰的自由」之條文；甚至依據荷蘭學者馬爾賽文等人的分析，更有達 89.5%比率的國家在憲法中訂定該種條文。可見這種宗教信仰自由之條文是最具普遍性質的。參見瞿海源，《台灣宗教變遷的社會政治分析》(1997)，桂冠出版，pp.411-21。
[46] 許崇德主編，《中國憲法》(1992)，北京人民，pp.415-6。

護不信仰宗教自由的必要性，而且更以宣揚無神論來抵消信仰宗教的顯著性，或者乾脆把無神論視同宗教般的置於對宗教信仰保護的條文之內[47]。因此條文中既是保護宗教自由，同時又不時地強調不要信仰宗教，實在是令人有著陷入五里迷霧之感，況且在保護宗教信仰自由的範疇中又加入公民有不信仰宗教的自由，這也顯然「似有背於憲法文字應簡明扼要之原則」[48]。

　　事實上，中共當局及其相關文件已多次的表明宗教政策係依據馬克思、列寧主義的科學思想而來，所以從根本上便駐足於否認有神論宗教之立場，而其所謂「宗教信仰自由」更是要在遵循黨的領導和擁護社會主義的前提下，方能存在，但其存在的目的卻是為「解決」宗教問題而來[49]。然何謂「解決」宗教問題呢？說到底，其實就是要促使宗教走向滅亡之途。

　　1982年中共憲法關於宗教信仰的法令基本上是承襲〈關

---

[47] 其實這種意圖是顯而易見的，除了陳述宗教信仰自由外，另一目的就如陳永生所指出「中共更要求積極的宣傳科學知識、宣傳無神論，向廣大群眾尤其是青少年進行辯證唯物論和歷史唯物論的教育，以期使青少年能認同共產主義，甚至以共產主義為其宗教。這是中共企圖斬掉宗教勢力的根，其最大的目的就在於使宗教無法發展，反而步上消亡之途。」參見〈海峽兩岸宗教政策之比較〉，收錄於《中國近代政教關係國際學術研討會論文集》(1987)，淡江大學歷史系，p.406。

[48] 參見《大陸宗教現況簡介》(1996)，p.23。

[49] 在中共統戰部於1979年所發出的〈關於宗教政策的宣傳提綱〉一文中，便指明說「黨的宗教信仰自由政策，……是解決宗教問題的基本政策，要堅定不移地全面貫徹」，轉引羅漁、吳雁編，《中國大陸天主教四十年大事記》(1986)，輔仁大學出版，p.156。

於我國社會主義時期宗教問題的基本觀點和基本政策〉(十九號文件)而來的,在該文件中即已清楚地表明所謂宗教信仰自由政策的最終目標,就是要協助宗教逐漸的滅亡。

> 在社會主義條件下,解決宗教問題的唯一正確的根本途徑,只能是在保障宗教信仰自由的前提下,通過社會主義的經濟、文化和科學技術事業的逐步發展,逐步地消除宗教得以存在的社會根源和認識根源。[50]

由此觀之,中共的宗教信仰自由政策最終仍是以宗教消亡為目標,這當然是符合馬列主義的宗教觀,但是為什麼既然要滅亡宗教,那又何必繞一大圈子來主張宗教信仰自由呢?這是關連到中共的統戰策略之問題。中共向來便是把宗教問題視為政治問題,所以透過宗教來進行對人民的政治統戰是不足為奇的。在該文件中就提到執行宗教信仰自由政策,以及處理一切宗教問題的根本出發點和落腳點即是,「使全體信教和不信教的群眾聯合起來,把他們的意志和力量集中到建設現代化的社會主義強國這個共同目標上來」[51]。這明顯是把宗教自由當成是「建設社會主義強國」的一種工具,並且是深具著濃厚統戰意味的宗教信仰自由政策,而忽

---

[50] 參見附錄一,〈關於我國社會主義時期宗教問題的基本觀點和基本政策〉(十九號文件)。

[51] 同上。

視掉宗教自由本身的價值與意義[52]。

因此,在統戰的意義下,所謂保護宗教自由便成了限制宗教自由的藉口,不但範定了信教傳教及其活動時間與場所,而且更透過各種莫須有罪名來箝制宗教活動,並加強了對宗教界人士進行所謂「愛國」教育和思想管理,以及指揮「愛國宗教組織」來對民間宗教進行監管[53]。所以,在馬列主義和無神論精神的籠罩下,中共憲法及其相關文件中的「宗教自由」就只能是一種統治工具而已,所謂宗教政策就只是用來管制宗教的一種謀略,其最終目的是在於消滅宗教。

就宗教政策的推行方面,中共向來以其所主導成立的各全國性宗教組織來協助貫徹其統治意志,並恢復或開辦各級的宗教院校來有計畫地培養年輕一代的愛國教職人員,從而企圖在政治上能造就一支熱愛祖國、擁護中國共產黨領導與社會主義制度的附庸大軍。另一方面,又從憲法及相關法令的規定中,阻斷了宗教所能招募新進人員的其他管道,譬如規定共產黨員及 18 歲以下的少年不得信教,甚至連現役軍人都被要求不准參與宗教組織和宗教活動[54],即使能招得符合規定的人選,以佛學院招生為例,是「還必須經過戶口

---

[52] 雄自健,〈海峽兩岸的宗教政策與宗教交流的前景〉,收錄於《兩岸宗教現況與展望》(1992),學生書局,pp.48-9;及收錄於《兩岸文教交流論文選集(一)》(1992),pp.309-10。

[53] 蘇起、張良任編著,《兩岸文化交流:理念、歷程與展望》(1996),行政院大陸委員會印行,p.294。

[54] 此為中共軍方於 1994 年所頒發之〈關於禁止軍隊人員參加宗教活動的通知〉一文中所規定。參見《大陸宗教現況簡介》(1996),pp.22-3。

所在地的省宗教事務部門和省佛教協會的推荐和徵審」[55]。是故，能成爲中共所謂的「愛國教職人員」，是必須以服從黨和政府的領導爲首要，而是否稱職係端視其貫徹中共宗教政策的執行程度。可見得從成立組織到新進人員的篩選，全都必須在中共的把關及佈署之下才能獲准，也唯有如此方能使他們配合執行及推動中共黨中央和政府部門的宗教政策，進而來監督民間的宗教活動。

總之，不管是進行統戰或以政領教，中共在其統治謀略上都把宗教視爲是一個「問題」或待處理的「對象」，特別是針對那具普世性格的宗教而言，處理此種「問題」或「對象」更是爲防止「和平演變」而成爲中共當前首要的宗教工作。「綜合治理」便是中共近來爲強化對天主教工作的領導而採行的一種統治策略。南京金和神學院教授汪維藩就指出，「綜合治理」一詞「常用於自然災害或公害的治理，……也常用於對社會公害治理……提出要對宗教進行綜合治理，其前提首先是把宗教視爲一種災害或禍害，把宗教等同於洪

---

[55] 這是北京「中國佛學院」的招生規定，而其 1994 年的招生條件還爲「擁護黨的領導和社會主義制度，並志願從事佛教事業者」；此外，廣東省佛教協會所舉辦的「領東佛學院」，在 1995 年的招生簡章中也強調該佛學院「是在黨和政府領導下」。由此可知，這些佛學院的辦學宗旨是很難令人能從純宗教信仰角度上來思考的。同上，pp.52-3。另一方面，在正規學制內的北京大學哲學系，1979 年也開設了宗教教學課程，但這門課程主要係以辯證唯物主義與歷史唯物主義爲指導而來研究宗教的本質及其社會歷史作用，研究宗教的發生、發展和消亡的規律，因此，可見本宗教教學課程是以宣揚馬克思主義無神論爲其任務，也非從純宗教學角度來著眼的。參見《中國近代政教關係國際學術研討會論文集》 (1987)，曹伯一評論，p.313。

水猛獸」[56]。所以說，「綜合治理」就是把宗教視為問題、
災害、禍害，或如洪水猛獸般的對象而來加以對之處置，其
處理的方式是必須要綜合各種有效的處理手段，及有關部門
的共同配合，來全力對宗教進行診治工作，當然最終目的也
就是要消滅宗教。

「六四事件」後，中共因於內外情勢的改變，對宗教
工作逕行緊縮政策，不但對內的宗教活動加強管制，而且對
外也嚴厲抵制所謂「外國宗教勢力」的侵入，這可從中共在
1994 年所發佈的〈中華人民共和國境內外國人宗教活動管
理規定〉與〈宗教活動場所管理條例〉兩項法令中看出，此
間，中共在處理宗教問題上已從政策性的指導和宣示落實到
對實際宗教事務和活動的規定，其所涉及的甚至包括對宗教
人員與活動場所的登記、權利義務、及其相關責任等等。

因此近五十年來，統戰與嚴密控制構成了中共對宗教
之「收、放」和「既聯合又鬥爭」的統治手法，而在這種「兩
手策略」的戰術運行下，一方面它結合了馬列主義的道德觀
來合理化政策施行的路徑，另一方面它也合法化了在實際處
理宗教問題時所必要採取的暴行。然而為什麼暴行能夠被合
法化呢？其實關鍵就在於中共所制定之相關政策法令的先行
設計，以及黨和政府對這些政策法令的詮釋與界定，結果宗
教活動的「正常」與否便端視主政者的好惡而顯得非常的具

---

[56] 轉引朱淑美，《中共基督教政策之研究：人民日報(1976-1995)的分析》
(1997)，p.95。

彈性化，並且恣意地把宗教問題框進政治場域的架構下，是決不會牴觸到憲法裡所宣稱「國家保護一切正常宗教活動」的條文。

三、強橫暴力

不言而喻，宗教在大陸的發展一直是被中共局限在以政領教及統戰的統治謀略當中，以佛教為例，大陸學者方立天就曾經說過「佛學思想在本質上是和科學、唯物主義、無神論根本對立的」[57]，但是「在統一戰線方面，佛教界是我國廣泛的統一戰線的一個組成部分，佛教協會在聯繫廣大教徒、增強與其他各界的團結方面，發揮了有益的作用。」[58]由此推之，宗教在大陸並非可以獨立地存在，它常常是要被與政治關連起來看待的（就如同馬克思把宗教關連進社會階級鬥爭來論之一樣），宗教的地位及其所應扮演的角色也是要由中共的「統一戰線」來決定，而各個宗教組織的成立便不過是「統一戰線」下的一個佈局，以協助中共來「由上而下」地監控各地的宗教活動，團結那些可被拉攏、收編的宗教界人士來達成中共所謂「有益的作用」[59]。

---

[57] 方立天，《佛教哲學》(1994)，洪葉出版，前言(寫於 1985 年)，p.1。

[58] 轉引游祥洲，〈論兩岸佛教互動及其定位與定向〉，收錄於《兩岸宗教現況與展望》(1992)，p.153。

[59] 至於那些不能被組織、又難以讓中共能「由上而下」監控的民間宗教，便

因此由宗教這一層面來看，宗教爲了自我保存就只能以從屬角色的姿態來同中共相協調，而這種協調又是有條件限制的，其「基本條件是宗教徒愛國守法，同全國人民一起，積極爲社會主義物質文明和精神文明的建設而努力。」說到底就是要以愛國、建設社會主義爲條件，並且是「宗教同社會主義社會的協調，歸根結底是宗教徒同社會主義社會的協調。」[60]也就是說，這不是宗教和社會主義社會相互協調，更不是社會主義社會來與宗教協調，而是宗教(或宗教徒)要去適應社會主義社會的發展要求，對此，江澤民在 1993 年的全國統戰工作會議上就指出「貫徹黨的宗教信仰自由政策，依法加強對宗教事務的管理，目的就是要引導宗教與社會主義社會相適應。」[61]由此可知，在以政領教的謀略下，宗教只能配合中共的領導並把自己調適於社會主義社會的發展，倘若有宗教活動不能配合或調適中共的宗教主張，則必將被視爲「不正常」或「非法」而受到嚴厲的暴力對待。

　　但何謂「不正常」或「非法」的宗教團體及宗教活動呢？其實從中共的內部文件中可得知，只要是隸屬於中共所扶持的那些「愛國宗教組織」便是合法的宗教團體，而只要

全被指責爲封建迷信而加以取締。參見梁家麟，《困乏多情：中港教會評論集》(1997)，p.16。

[60] 羅竹風主編，《中國社會主義時期的宗教問題》(1991)，p.128。

[61] 參見邢福增，《困乏多情：中港教會評論集》(1997)，p.25。
就相適應的觀點而言，邢福增指明，「所謂相適應的意思，主要是針對宗教如何調校自身的發展，與黨、國的發展目標認同，而非社會主義社會去適應宗教。」同上，p.30。

是經由那些「愛國宗教組織」所安排的宗教活動便是正常的，反之，若不是經由「愛國宗教組織」所收編及安排的宗教團體與宗教活動，就叫能被中共視為是帝國主義或反動階級所利用來敵對中共的侵略工具，都將被歸於「不正常」或「非法」的範疇，而受到中共的暴力所制裁。

在中共強硬堅持無神論的統治之下，宗教活動常常是動輒得咎，因為「合法」及「正常」與否常因統治當局的主觀認定而有所變異，不過我們仍可從幾次頒行的文件和法規裡嗅出端倪：

1982 年的〈十九號文件〉[62]

一切宗教活動場所，都在政府宗教事務部門的行政領導之下，由宗教組織和宗教職業人員負責管理。對於宗教活動的時間、規模和次數，宗教組織應當加以安排，避免妨礙社會秩序、生產秩序和工作秩序。

1991 年的〈六號文件〉[63]

一切宗教活動場所都應依法登記。經過登記的宗教活動場所受法律保護，在政府宗教事務部門的行政領導下，由愛國宗教團體和宗教教職人員按照民主管理的原則負責管理。開放新的宗教活動場所，須經縣以上人民政府批准。堅決制止自封傳道人的傳教佈道活動以及其他各種非法傳教活動。依法取締非法開辦的經文學校和修院、神學院。

---

[62] 參見附錄一，〈關於我國社會主義時期宗教問題的基本觀點和基本政策〉（十九號文件）。
[63] 參見附錄二，〈關於進一步做好宗教工作若干問題的通知〉（六號文件）。

此外，在 1994 年國務院所頒布的第 145 號法令中，更以題爲〈宗教活動場所管理條例〉來將宗教活動場所的管理規定細節給條列化。由此可知，任何宗教活動之進行只有在經由中共官方登記認可的活動場所內才屬「合法」，才能依法得到國家的保護；只有在熱愛祖國、擁護社會主義、服從共產黨的領導，以及不去干預國家的司法、行政與教育等部門事務下，才算「正常」[64]。

　　總之，宗教活動必須被框架進中共所設定的宗教範圍才能「合法」地進行，否則將會被以「合法」的暴力手段來處理之。中共一向是用其刑法中的「反革命罪」來處理所謂「非法」的宗教團體及宗教活動，這是因爲中共慣於以政治眼光來看待宗教問題。依照中共刑法第 90 條規定，所謂的「反革命罪」係爲「以推翻無產階級專政的政權和社會主義制度爲目的，危害中華人民共和國的行爲。」這種屬於危害國家安全的重大罪行竟然被套在「宗教問題」身上，而以刑

---

[64] 對於社會主義時期中共所規定「非法」或「不正常」的項目中，依據陳永生的歸納有：1.向未滿 18 歲的青少年灌輸宗教思想，帶領少年兒童參加宗教活動；2.干涉行政、干涉教育、干涉婚姻；3.妨礙生產和社會秩序；4.以收奉獻爲名搞經濟剝削、詐騙錢財和危害人身健康；5.動用集體財物進行宗教活動；6.恢復已廢除的宗教封建特權和壓迫剝削制度；7.接受國外餽贈和港澳的宣傳品；8.串連自由佈道。

此外，他也提到中共中央統戰部所曾發出的七項禁令，包括：1.禁止開設私立教會及寺院；2.未經「黨」及「國家」准許，嚴禁宗教者舉行洗禮等(入教儀式)；3.禁止與外國教會及寺院聯絡及購買書籍；4.禁止印刷聖經、佛典及會報；5.禁止在生產隊及人民公社內宣傳宗教；6.禁止天天作禮拜，只准許在星期天舉行；7.禁止向未滿 18 歲少年傳佈宗教思想。(p.404)

參見〈海峽兩岸宗教政策之比較〉，收錄於《中國近代政教關係國際學術

法第 99 條所規定「組織、利用封建迷信、會道門進行反革命活動的，處五年以上有期徒刑；……」來懲處。此外，以其它罪行的名目來掛到「非法」宗教活動上的，更是不絕於耳，中共於 1991 年所出版的一本《中國的人權狀況》書中即提到：

> 對於利用宗教搞違法犯罪活動的，中國政府都依法予以處理，不論他是宗教徒，或者不信宗教者，對違法犯罪的宗教徒，同其他違法犯罪的公民一樣，都依法進行處理。
> 被依法處理的傳教的人中，有進行顛覆國家政權，破壞、危害國家安全活動的，有煽動群眾抗拒執行國家法律、法規的，也有挑動群眾互相毆鬥，嚴重擾亂社會秩序的，還有假借宗教名義詐騙錢財，危害他人身心健康，誘姦婦女的等等[65]

可見中共在處理宗教問題上的態度是「欲加之罪，何患無詞」，只要是不符合中共的統戰策略，不受到中共所謂「政治領導」的束縛，各種罪名便會紛紛地加諸在宗教之上。

中共以暴力對待宗教的行徑早在領據大陸初期就已經時有耳聞。政權成立翌年便頒布了〈老解放區市郊農業土地問題的指示〉，規定寺廟、教堂等土地一律收歸國有[66]，進而展開對宗教的全面控制與迫害。就佛教而言，中共採行土

研討會論文集》(1987)，p.404。
[65] 轉引陳啓章，《大陸宗教政策與法規之探討》(1993)，p.40。
[66] 參見羅竹風主編，《中國社會主義時期的宗教問題》(1991)，p.66。

改及徵用歸公的手法來鏟除寺廟土地、逼迫僧尼還俗，佛協
成立後更以其組織規則來嚴厲限制出家僧尼的資格，依據統
計，短短八年間(1949-1957)寺院便減少了十一分之十，而
僧尼人數也少了三分之二[67]，可見當時宗教迫害的場景，必
然是非常激烈。據香港華僑報 1952 年的報導：「 廣東潮
州無論大小鄉鎮，祠宇及宮廟林立。中共自接收潮汕次年，
開始以破除迷信爲由，對廟屬各處宮廟，庵寺之泥木偶像，
一律剷除，迫令僧尼返俗，宮廟主持人(隸宮)以妖言惑眾及
神棍處決者百數十人。」[68]，再以 1958 年的「上海佛青事
件」爲例，中共以反動革命、窩藏國特份子等罪名集體屠殺
了十餘名佛教青年會成員，並摧毀其整個組織，而中共對此
屠殺所提出的藉口竟爲「上海佛教青年會用各種方式對抗政
府，破壞土地改革等各項運動。……原來，隱藏在『護法』、
『弘法』等外衣下面的上海佛教青年會的領導集團，乃是一
個與國家、與人民、與佛教爲敵的披著宗教的外衣的反革命
集團。」[69]可見中共由始以來即認定宗教是試圖顛覆共產主

---

[67] 依據中國佛教會統計，1949 年大陸的寺院有 56 萬 3 千座，僧尼有 395 萬
  7 千人；至 1956 年依仰光「亞洲」期刊所載之全中國僧尼共有 120 多萬人，
  中共也在 1957 年宣佈全國寺院有 5 萬所左右。由此統計數字可得知，當
  時中共對宗教的排擠是不遺餘力的。參見鮑家麟，〈1949 年以來中共政權
  與宗教〉，收錄於《中國近代政教關係國際學術研討會論文集》(1987)，
  p.303。

[68] 華僑日報 1952 年 5 月 21 日。轉引陸以哲,《中共怎樣對待宗教？》(1953)，
  p19。

[69] 參見鮑家麟，〈1949 年以來中共政權與宗教〉，收錄於《中國近代政教
  關係國際學術研討會論文集》(1987)，pp.307-8。

義的大號敵人，因此將其與反革命集團畫上等號，並以屠殺、處決等暴力手段來回擊，但又直言宣稱其所回擊的對象是人民的敵人。

此外，中共就宗教顛覆意圖的認定，對於深具普世性格的基督宗教而言，更是恣意地橫加侮蔑。特別是天主教便常被中共視為是帝國主義的一環，不但是以血腥暴力拘捕、屠殺傳教士，而且更透過「帝國主義侵略」的宣傳來讓人民對教會產生惡感，進而參與這場宗教迫害的暴行，據天主教於 1954 年的統計，招受迫害的主教、神父、修士修女等共有一萬三千多人[70]，這種強橫暴力的手段，在中共對宗教的統治謀略上，竟然也達到一定的統戰效應而激發起廣大人民的民族主義情懷。由此可知，中共善於應用各種統治說詞來對民眾合理化其暴力的施行，從而形成一般人民對宗教的誤認，並且能同時地收取統戰及迫害宗教的雙重功效。

中共除了對那些未符合其統戰架構下的各大宗教進行整肅和迫害外，對於未能被組織、收編的其他相關民間宗教，皆施以「反動會道門」的稱號而來加以嚴厲地處置。在中共的法規中便明令取締「反動會道門」，而且一律以「反革命組織」來定罪，根據 1953 年上海公安局所公佈的「反動會道門」組織共有五十幾個[71]，範圍幾乎擴及到所有民間信仰，

---

[70] 該年統計中，受害之總主教有 20 位，主教 137 位，外籍神父 3000 位，修士 576 位及修女 2157 位；而中國籍神父有 2348 位，修士 728 位及修女 4299 位等。參見陳啓章，《大陸宗教政策與法規之探討》(1993)，p.52。

[71] 鄭志明指出，中共所劃定的「反動會道門」組織目前存在台灣的有下列幾

然民間信仰又是一般人民最普遍從事的宗教活動，因此可知當時民間的政教關係彷如草木皆兵、動輒得咎，誣告入罪或錯殺的情形實無法計數，無怪乎後來在中共內部宗教文件中會指陳「必須對宗教界人士和信教群眾中的尚未平反的冤假錯案，抓緊複查，實事求是地予以平反，特別是那些後果嚴重的重大冤假錯案，更要抓緊，限期解決」[72]。對於這種冤假錯案的平反也許又是中共在八〇年代所施展的統戰策略，但也由此可知當時中共在對宗教暴力的使用上，確實是採行著極大嚇阻性的恐怖統治。然而，儘管統戰策略因著時間的流逝而有所改變，中共對於會道門的取締仍然是未曾停歇。

文革期間(1966-1976)的宗教活動幾乎全面停止，有人指稱此為大陸之無宗教時期，這種說法也許未必正確，但也因此反應出宗教於文革期間被中共全面封殺的景象。直到十一屆三中全會後，中共始對宗教採行鬆放政策，譬如在針對所謂「家庭教會」問題時，「原則上不應允許，但也不要硬性制止」[73]，可見中共的宗教工作已擺脫文革時的全面停止

種：一貫道、同善社、萬國道德會、天德道、先天道、歸一道、歸根道、濟公壇、乩壇等；又臺灣新創的宗教會社如軒轅教、弘法院、天帝教、亥子道等也是不被大陸當局所歡迎。參見〈兩岸宗教交流之問題與展望〉，收錄於《兩岸宗教現況與展望》(1992)，p.71；及收錄於《兩岸文教交流論文選集(一)》(1992)，p.270。

[72] 參見附錄一，〈關於我國社會主義時期宗教問題的基本觀點和基本政策〉(十九號文件)。

[73] 同上。所謂「家庭教會」，係指大陸一些不願受官辦宗教組織控制的基督教、天主教徒基於信仰之需所舉辦的聚會活動，這些信徒有的是對文革時期因信教所受的迫害仍感恐懼，而不願參加官辦教會活動；有的則是對官辦宗教組織不滿。參見《大陸宗教現況簡介》(1996)，p.108。

而回復到先前的統戰狀態。即使如此，中共對宗教所行使的暴力也依然如昔：

> 1982 年 2 月 28 日浙江義烏事件中，公安人員便用警棍毆打信徒，拳打腳踢之外，還用電器觸擊，強迫女信徒脫衣搜身；至 8 月初東陽縣宗教科共幹和「三自會」收買唆使暴徒，縣公安局供給炸藥，兩次去炸東陽千祥區民主分社大路大隊史家聚會點。[74]

　　像這種毆打或甚至爆破事件的報導，事實上截至近年來還是屢見不鮮[75]，但中共對於這種處理方式仍然是義正詞嚴，並強調一切作為均是為了廣大人民生活福祉和端正善良風俗，就像 1984 年中共打擊所謂「呼喊派」邪教組織的時候，宣稱之「政府有關部門已作了嚴肅處理」[76]一樣。
　　毋庸諱言，中共對於它所界定的「非法」宗教活動一向以暴力相待，而「非法」的認定又端視當政者的統治意志，因此統治意志與暴力在「非法」這個層次上結合起來，「非

---

[74] 陳永生，〈海峽兩岸宗教政策之比較〉，收錄於《中國近代政教關係國際學術研討會論文集》(1987)，pp.409-10。

[75] 星島日報在 1997 年時就曾經報導著，發現中共內部文件「列出了一批近月被中國當局迫害的天主教徒名單，以及記錄一次當局出動五千名士兵，裝甲車、直昇機，在湖北省一條村內，拆毀一間天主教教堂的行動。」參見〈嚴厲打擊地下教會〉，星島日報 86 年 1 月 12 日第 A4 版。這份報導是否屬實還尚待斟酌，但也由此看出中共對待宗教的這種強橫暴力手段，是種類繁多且層出不窮。

[76] 羅竹風主編，《中國社會主義時期的宗教問題》(1991)，p.143。

法」的程度越深、層面越大則統治意志與暴力的連結就會更爲地緊密。自「六四事件」及東歐蘇聯接續發生民主化轉變後，中共爲防止學潮、「反動勢力」的再度興起以及境外「和平演變」的推動力量，對宗教開始全面的采行緊縮與管制策略，因而「非法」的宗教活動也隨之被深化和擴散化；另一方面，隨著社會型態的轉變，一般人民心靈的空虛也非能由「共產主義」所填補，因而紛紛地尋求其它神秘主義或擬宗教爲其精神依托，譬如迷戀八卦測算及氣功修練等，其影響之深廣已引起中共官方的恐慌，從而促使中共將這類現象視爲「非法」宗教活動來處理，並且也將其出版之書籍視同「黃書」一樣來加以圍剿[77]。

近年來，有關中共迫害宗教的報導如數家珍，大陸各地皆有傳出教難的新聞。以 1995 年而言，山西省南部長治市的一個家庭教會之所有聚會教徒被捕[78]；河南省周口地區八個月來被逮捕之家庭教會聚會教徒共有兩百多人，而公安指控這些教徒反共，並與外國勢力勾結[79]；安徽省五宗教團體被清除，成員被拘捕而帶頭者從嚴處罰，公安所持理由是「懷疑」這些組織進行非法活動，從而扣以「危害政治及社會安定」、「打著基督教的旗幟到處招搖撞騙」之罪名[80]……。而在 1996 年期間，上海市立法機構制定並頒布宗教事務條

---

[77] 閔琦等著，《轉型期的中國：社會變遷》(1995)，時報出版，p.380-1。
[78] 〈六名基督教會領袖被捕〉，中央日報 84 年 4 月 26 日第 7 版。
[79] 〈周口兩百多基督徒被拘留〉，聯合報 84 年 7 月 4 日第 10 版。
[80] 〈安徽清除五宗教團體〉，明報 84 年 10 月 21 日第 C2 版。

例，其中規定卜卦、算命、看相、求籤、驅鬼治病等為違法[81]；福建省泉州市的一個「呼喊派」教會組織被取締，其教會印刷品被視為「反動宣傳品」[82]；廣東省當局逮捕了 88 名「反動會道門」主持人及其信徒，並指稱該組織騙財騙色，從事粗俗邪惡活動，破壞社會秩序[83]……。1997 年，江西省崇仁縣一份名為「實施取締非法地下天主教會活動法理程序」的秘密文件曝光，旨在對付國內地下天主教活動[84]；中共中央統戰部與國務院宗教事務局再度共同發出通知，嚴令中共黨員不得信教，並對現有四萬多處亂建廟宇及一百五十多座露天佛像進行整頓[85]；直到目前(1999 年)，依據龔民權的粗略統計至少還有四十多位天主教教徒尚為中共所囚禁，其間包括了十一名主教和七名神父[86]……。

　　從上述幾年來各報紙的報導中可推知，中共宗教暴行數量之廣泛且合理化其暴力之藉口名目也甚多，何況中共常視宗教問題為政治問題而以政治案件來處理宗教，無怪乎當時中共宗教事務局局長張聲作在一份名為「中國宗教」雜誌創刊號上指出，「中國大陸沒有任何一個人」因為秉持任何宗教信仰，而被逮捕或坐監[87]。也許這是一個耐人尋味的笑

---

[81] 〈滬禁迷信活動宗教人士反應大〉，明報 85 年 1 月 9 日第 C1 版。
[82] 〈中共六中政治報告決將「反對宗教迷信」列為重要內容〉，中國時報 85 年 7 月 5 日第 27 版。
[83] 〈取締地下宗教，廣東 88 人被捕〉，中國時報 85 年 7 月 24 日第 9 版。
[84] 〈嚴厲打擊地下教會〉，星島日報 86 年 1 月 12 日第 A4 版。
[85] 〈中央決整頓民間廟宇佛像〉，明報 86 年 4 月 4 日第 A10 版。
[86] 〈中共對「地下教會」的恐懼〉，中國時報 88 年 4 月 2 日第 14 版。
[87] 〈重申嚴禁外國干預宗教〉，中央日報 84 年 7 月 21 日第 7 版。「中國宗

話，但從中共的統治邏輯看來，似乎又有其合理性與首尾的一貫性，因爲在中共的設定上，宗教是被視之爲一個「問題」、一個待解決的「對象」，最終仍是要被消滅的，所以只要宗教團體及其信徒符合中共所劃定的宗教框架，就是符合宗教信仰；反之，不符合這種宗教框架的，就不屬於宗教信仰的範疇而要被列入政治處分的對象。

總之，大陸宗教活動的「非法」與否一直是取決於當局者的界定，同時當局者的界定也係受國內外局勢的影響。近年來中共已逐漸地將「非法」項目明確化和條列化，擺脫以往過於抽象、模糊的指標性定義，但是如此明確化和條列化的結果將使得對差異的劃定更爲的細緻，進而使一些原本屬「合法」中的模糊難辨或邊陲性宗教議題全都被框進所劃定的差異界限中，因此導致許多宗教活動瞬時成爲「非法」的活動項目。所以，大陸宗教「非法」活動的增多係導因爲中共對宗教控制的減弱或增強，是值得去深刻推敲的，不過，因中共官方對「非法」宗教活動的擴大與細緻界定，是必然會使一些宗教活動被套進非法的範疇而導致宗教遭受暴力現象的增多。是故，宗教暴力的產

教」係爲 1995 年 7 月由中共國務院宗教事務局所主辦的一份雜誌，該份雜誌中就曾明言是「第一家專門宣傳黨和國家的宗教政策、法律法規以及宗教工作，介紹中國宗教狀況、宗教理論知識和宗教文化藝術的綜合性雜誌。」參見《大陸宗教現況簡介》(1996)，p.54。可見這是一份政治意味濃厚的宗教性刊物。同樣地，「現代佛學雜誌」亦爲佛協的機關刊物，其間之政治性宣言竟多於佛學研究的文章，宗教爲政治服務因而成爲可見的事實。參見鮑家麟，〈1949年以來中共政權與宗教〉，收錄於《中國近代政教關係國際學術研討會論文集》(1987)，p.304。

生端視統治當局的「非法」界定，而統治當局又係以其能維持持續性統治爲首要考量，因此暴力成了統治的必要手段，這在中共對待宗教的統治效應上，已是一個鮮明的例證。

四、小結

綜上所述，深植於馬列思想的共產主義道德觀，爲中共在面對宗教問題時提供了合理化根源；而依循馬列主義與毛澤東思想而來的統治謀略，更使得中共在處置宗教問題上具備著合法性；同時，暴力手法的有效運用又極大化了其合理根源與合法性保證。因此，由道德、謀略及暴力所架築成的統治技藝，構造了中共五十年來在宗教面向上的統治型態，儘管其間偶有所謂「信仰上的轉折」問題產生[88]，也就是某些共產黨員叛黨入教拜進唯心主義門派中，然這些轉折問題又多亦屬轉眼雲煙，在中共所強力施展對信仰重建的「政治運動」[89]過程中，常以統治技藝來再度鏟平。

就像大陸宗教界所廣泛流傳著的，即中共總書記江澤

---

[88] 譬如根據貴州省畢節地區公安部門的調查，至 1995 年 8 月時入教的黨員已超過二千人，而個別偏遠鄉村亦有出現「不聽村長聽教長」的情況，這種轉折在當時確實引起中共高層的不安與重視。參見〈漸多黨員篤信基督教引起中共不安〉，明報 84 年 8 月 31 日第 C1 版。

[89] 〈中共六中政治報告決將「反對宗教迷信」列爲重要內容〉，中國時報 85 年 7 月 5 日第 27 版。

民就宗教問題所說的一些內部談話，他說：「現在對我們最大的威脅，不是握槍的國民黨軍隊，卻是拿著聖經的教徒……境外敵對勢力利用宗教，圖謀實現中國『福音化』，妄圖促使我國發生東歐及前蘇聯式的演變。」[90]如此可知，中共確實認為蘇聯東歐的潰決與其所謂「地下教會」顛覆企圖是存有著極大的相關性，所以在宗教方面就不若經濟方面得以隨著近年來的改革開放口號而鬆綁，結果大陸的宗教發展便是一直寄生在中共政治力的高度監管與控制之下。

是故，一直以來宗教在大陸的發展並不存在真正的主體性格，也許在中共的眼中，宗教不過是一個統戰的代名詞、一個災害的形容詞、一個反革命的動詞，也許它的存在只顯現著一項意義，那就是「統治」。

---

[90] 引自〈中共對「地下教會」的恐懼〉，中國時報 88 年 4 月 2 日第 14 版。

第五章

台灣的政教關係：解嚴前

自 1949 年國民政府遷台以來，宗教議題便常被視爲是與政治牽扯不清的一環，不論是處於戒嚴時期高壓的政治境域，亦或是解嚴後所呈現之多元形式的政治圖像，宗教一直都沉浮在政治的洪流當中，而這種非置身於政治外的現象也是宗教之現實性(reality) 的展現，由此可知台灣五十年來的政教模態，就是在這種宗教現實及政治洪流的浸染下所造成之種種交纏糾結的形構，從而也使得宗教伴隨不同的政治情勢，其政教關係便會存有著不同的顯現。

　　「政教關係」係爲政治與宗教間之關係。此「關係」(relation)又意謂著兩造間既非完全同一亦非全然差異，而是指涉彼此間之相互影響或連結的樣態，以致沒有任何一方可被獨立視之，所以「認識關係就是要在關係網絡中相對辨別各種關係，而不是把關係還原爲『某物』」[1]。是故在對於「政教關係」進行論述時，其間所謂「政教合一」或「政教分離」就是要被置於此等關係狀態下來理解，因爲在「政‧教」的框架底，政治或宗教都只能經由兩造之關係來辨識與界定。

　　因此從統治的角度而言，「政教關係」必然涉及到「以政領教」、「政教互爲主體」及「以教領政」等三種向度。在台灣，長期的戒嚴體制下造就了「以政領教」的政教關係，直到解嚴之後，政教關係才慢慢邁向「政教互爲主體」

---

[1] 裴元領，〈關係論〉，《思與言》第 32 卷第 2 期(1994)，思與言雜誌社，p.45。

的模式，而「以教領政」之政教關係並未出現在台灣，而這只出現在中世紀歐洲及當代的穆斯林社會。「以政領教」又可分成政收編教、政疏離教、政迫害教三種關係，而這三種關係也在台灣戒嚴體制下隨政局演變而有著同時期或不同時期的呈顯，這皆可從歷史事實的考察中歷歷入目；「政教互為主體」主要是意指宗教在對比政治力時所能夠展現出來的自主意識，且根據此自主意識而取得與政治同等價值的主體性格，而解嚴後的台灣在經歷民主化、多元化政治的洗禮下，宗教主體性也逐漸的在各宗教場域中出現或形成[2]。

然而，不管政教關係的展現為何，一直以來台灣執政當局對宗教所進行的監督、管理或保護的統治意向，依然隨之可見，這可由直到近年來關於宗教立法之問題一再地被統治當局提出與規劃中看出。另一方面，儘管宗教受政治力干預的現象依舊存在，但是一股宗教的反撲勢力卻隨著時代的變遷而逐漸地擴散開來，如從早期的基督長老教會和新約教會的抗爭，到解嚴後之觀音像事件[3]和萬佛會的

---

[2] 就以向來保守的佛教為例，經由解嚴後幾次的宗教事件(如護教組成立、觀音像事件)中顯示，一種所謂的「佛教主體性」之政治意識已儼然形成，釋昭慧指出，這種「佛教主體性」之政治意識「不但不會顯得失去宗教的純粹性，反而因自主意識的確立而避免淪為政治附庸，從而保持了宗教的純粹性，也更凸顯宗教主體性意識下不卑不亢的尊嚴。」參見釋昭慧，《佛教倫理學》(1995)，法界出版社，p.255。

[3] 觀音像事件是發生於新生南路上七號公園(大安森林公園)內之觀音像拆遷議題，而所引發的大規模佛教團體的抗爭活動。這事件也是佛教團體第一次針對政府之政策性事務的介入，因此係屬「政治抗爭」之性質，而不是

政治角力[4]等等。因此，政教關係可謂爲一種政治與宗教之滲透關係，特別是指涉著宗教事件與政治議題的越界轉換，在台灣，尤其是在長期以政權爲主體的政教關係之架構下，對這種「越界」的認定又常被視爲是一種統治意志的操弄，無怪乎宗教(事件)容易被政治視爲是一種「問題」、一種「社會問題」亦或「政治問題」[5]來處理。

是故「政·教」彼此間的張力也構成了「統治」論述的一個課題，因爲在台灣，宗教多少也保證了統治的持續性亦或挑起了統治合法性問題，當然在「政·教」張力的背後是存在著一幅國內外局勢變動的「政治圖像」做爲此張力的戲幕。所以，當我們要進入「政·教」議題的境域時，這種「政治圖像」的戲幕就必須被刻入對此等關係的分析中，特別是刻入底下所要探討的台灣政教關係的各個分期。

一項爭權奪利的「宗教戰爭」。對此，陶五柳便指稱：「佛教徒要爭的是正義」。參見陶五柳，《釋昭慧法師》(1995)，大村文化出版，p.21。

[4] 萬佛會係爲一新興宗教團體，並於民國 79 年成立「真理黨」來將其宗教實踐溶入政治運作中，所以基本上它是屬於政治改革性的宗教團體，就如江燦騰所言，它是專門「從事異議的政治抗爭活動，充滿了台獨的色彩」。參見江燦騰，《台灣佛教百年史之研究：1895-1995》(1996)，南天書局發行，p.475。

[5] 在台灣，一直以來只要是執政當局認爲某宗教團體及其宗教活動不涉及政治，則政教關係可維持一定的和諧與容忍；但若被認定有「政治」上之問題時，政教關係的緊張或衝突迫害場景便會隨之呈現，這是執政當局以政治因素所作之政治考量而來達到的一種政治目的之統治操弄，結果便如瞿海源所言：「以戒嚴時期的統治習慣，就會以羅織入罪的方式下令取締」。參見瞿海源，《台灣宗教變遷的社會政治分析》(1997)，桂冠出版，p.366。

一、分期問題

　　台灣政教關係演變的分期，基本上是難以由官方政策的頒布來做一明確區分的，事實上，從民國 18 年所頒布之「監督寺廟條例」以來，直至今日便再沒有修改或更新過這種具指導性的宗教政策以做爲執行階段上的區隔，所以有學者便指出「若以政府當局的宗教政策演變來劃分台灣宗教發展的時期，大體上將不像中國大陸那樣清晰」[6]。因此，在對分期問題的探究上便要另尋它途，也就是說，要轉以上述之「政治圖像」以及宗教對此圖像的反應等來勾勒出政教關係演變的輪廓。

　　從諸多文獻的探討中，可以發現此類分期的被刻劃皆是以政‧教兩者間的發展關係來作爲區分的指標。譬如瞿海源認爲國民黨遷台後一方面雖言尊重信仰自由，但對宗教信仰仍有所管制，而直到 1980 年開始，經由幾個宗教團體的強力挑戰，國民黨政府才被迫在宗教政策上做某些程度性的調整，最後到了 1980 年代末期，執政當局對宗教的管制已在實質上大爲減弱了[7]。在蕭子菁的論文中，對政教關係的分期有更明確的劃定，他區分了三個時期：首先是「戒

---

[6] 瞿海源，〈台灣與中國大陸宗教變遷的比較研究〉，收錄於《宗教與社會變遷》(1993)，林本炫編譯，巨流出版，p.391。
[7] 同上，pp.391-2。

嚴時期的政教關係」(1949-1979)，此時期主要強調因執政
當局採嚴厲的統治手段，而使得政教關係獲得表面上的和
諧與順從，但此和諧、順從關係到 1970 年代因國內外局勢
的變化而逐漸有所轉變；其次為「解嚴初期的政教關係」
(1980-1989)，此時期由於經濟的持續發展及國內反對勢力
的提升，政教關係存有著衝突狀態的展現，此外也隨著戒
嚴的解除，宗教多元化的現象也相繼出現；最後為「李登
輝時期的政教關係」(1990-)，這時期宗教沿襲 1980 年代之
多元化發展，也開始有著本土化宗教呼聲的釋出，尤其是
具有獨派色彩之宗教團體的出現，是更加強化了宗教團體
所蘊含的政治性格[8]。同樣地，李志夫也對台灣的宗教發展
區分了三個時期：首先是「以經濟為主軸改革期之宗教」(民
國 39-60 年)，他認為此時期的宗教是相當的受到抑制，而
且統治當局連利用宗教的意願也相當低落；再者是「以社
會改革為主軸改革期之宗教」(民國 60-78 年)，此時期正值
邁向解嚴，而宗教仍未對社會產生積極之參與效用，但政
治已開始利用宗教；最後是「以政治改革為主軸改革期之
宗教」(民國 78 年起)，此時期宗教不但逐漸脫離政治干預，
而且更以其所具有之強大的經濟、社會資源來使某些政治
人員或官員反過來依附、護持宗教[9]。

---

[8] 蕭子菁，《台灣宗教與政治關係之研究：七號公園觀音像遷移事件個案分
　析》(1995)，台灣大學政治研究所碩士論文，pp.38-66。
[9] 李志夫，〈現代台灣宗教與社會變遷之因果關係〉，收錄於《1996 年佛
　學研究論文集(一)：當代台灣社會與宗教》(1996)，佛光出版社，pp.1-17。

此外，就各宗教教會發展之概況爲軸線，也可做爲政教關係分期的指標。查時傑便是以基督教會爲例來分期地探討教會與政府間的關係，從 1945 年到 1992 年爲止，他區分了三個時期：1945-1949 年爲「基督教會百廢待舉期」，這是光復後到國民政府遷都來台的時期；1950-1965 年爲「基督教會發展時期」，此時期由於政教關係的融洽使教會得以快速發展；1965-1992 年爲「基督教會停滯與復甦時期」，其中之停滯期是在 1965-1979 年而復甦期是在 1979-1990 年[10]。同樣地，林本炫在其論文中也指出自台灣光復後到 1960 年代初期是基督宗教快速成長的時期，但自 1960 年代中期以後由於社會經濟的繁榮安定而減低人們的宗教需求，基督宗教的發展即呈現遲滯狀態；然而到了 1980 年代隨社會經濟的持續成長，卻轉成佛教及佛教系等新興宗教的快速發展，這多少也歸因於政治力對宗教的鬆綁以及本土化現象的興起[11]。針對基督宗教在 1960 年代中期發展上的轉折，李丁讚係以「去殖民」的論述指稱：「從 1960 年代中期，台灣開始有一些新的佛教團體在這塊土地上生長出來，如證嚴法師的『慈濟功德會』和星雲法師的『佛光山』即分別在 1966、1967 年成立」，但是「天主教自 1964 年，基督教自 1965 年以後就停滯發展，而民間信仰則在 1970 年

---

[10] 查時傑，〈四十年來的台灣基督教會〉，收錄於《基督教與台灣》(1996)，宇宙光出版社，pp.159 -74。

[11] 林本炫，《當代台灣民眾宗教信仰變遷的分析》(1998)，台灣大學社會研究所博士論文，pp.67-9。

之後開始快速成長。所有這些現象在在告訴我們，在 1965
年左右的台灣，一股渾厚的本土力量正開始從地下冒出來，
這股力量嘗試對自己以及外來的殖民勢力重新定位，是台
灣『去殖民』努力的開端」[12]。

　　綜上所述，大抵上我們可以就此歸納出幾個分期的指
標，第一個是 1980 年代中期的戒嚴解除，第二個就是 1960
年代中期後宗教發展上的轉折。從統治的觀點言之，解嚴
是台灣政教關係演變的主要分水嶺，因為它是從「以政領
教」的統治模態邁向「政教互為主體」模式的關鍵；而 1960
年代中期後的轉折也標示著在「以政領教」的架構下，從
「政教和諧」驅向與某些宗教所產生之「政教衝突」的轉
變，特別是在 1969 年前後台灣長老教會因「普世教協」一
案而與執政當局關係開始惡化，並且從該年起政府也陸續
提出各種規範宗教團體的法案，而這一年也是尼克森宣佈
對我國削減美援之「中美關係」轉變的一年。因此，本文
底下之政教關係的分期，將以 1987 年的解嚴為指標來區分
「解嚴前」、「解嚴後」兩時期，而在「解嚴前」時期，
又以 1969 年做為政教和諧與衝突的分野。

「解嚴前」

　　不言而喻，國民政府在內戰失利後撤退到台灣來，並
試圖在這塊地方建立起反攻跳板的大基地，為整軍備戰和

---

[12] 對此時期，李丁讚更擴大指出其為台灣之後殖民論述的源頭。參見〈宗
　　教與殖民：台灣佛教的變遷與轉型(1895-1995)〉，《中央研究院民族學研
　　究所集刊》第 81 期(1996)，pp.34-6。

排除匪軍的滲透，以及控制島內之全局，遂於 1949 年 5 月 20 日下令在台、澎等地區實施戒嚴，是故長達 38 年的「戒嚴體制」由此開啓。由於戒嚴時期之對外反共與對內防諜是國民政府重要的國策目標，因此當局在各項政策制定和執行上，莫不以此做爲最終考量。所以當局對宗教的態度也是如此，也就是說，此時期的政教關係係以反共目標及政治安定爲不可逾越的界限，宗教在此界限內則被容忍及鼓勵，然超出此界限或被統治當局認定爲越界時，則政教間便存有著極大的緊張關係，隨著對宗教迫害或衝突的場景即可能被搬上政治舞台。

1949-1969 年

「台灣在國民政府的統治之下，前二十年(1949-1969)大約沒什麼大的變化：政府的權威，也沒有遭到任何嚴重的挑戰。」[13]爲什麼沒有遭到嚴重的挑戰？這是因爲一方面除了少數台灣本已存在的宗教外，大多數宗教都是隨國民政府播遷來台，同時不管是本土或來台宗教也都因戰後的殘局而致力於重建工作，因此皆願意與統治當局置於同一戰線上且「關係尚好」[14]；另一方面，由於國民政府鑑於在

---

[13] 楊惠南，〈台灣政教關係之種種〉，《台灣春秋》 2(10)(1990)，p.258。

[14] 釋東初就曾強調，「台灣爲自由中國建設及復興祖國佛教的基地……各個人民團體都必須健全組織配合黨政軍改革前進……台灣省佛教分會的工作標的，顯然的，即朝此目標前進。」參見釋東初，《東初老人全集(5)》(1986)，東初出版社，p.29。此外，曾長期擔任過長老會總會總幹事的黃武東牧師在他的回憶錄中，也提到說他本身於 1951 年至 1966 年之任內時，「官方和教會關係尚好」。參見《黃武東回憶錄：台灣長老教會發展史》(1988)，前衛出版社，p.298。

大陸的慘痛經驗和急欲整軍反攻的願景，從而於 1950 年至
1952 年開始進行自我改造的階段策略，發布「爲黨的改造
告全國同胞書」，並且成立黨改造委員會，其目標之一就
是深入對基層社會和民間組織的滲透與控制[15]，也就是說，
爲鞏固在台政權及形塑出一個可嚴密監控的網絡，國民政
府利用黨的改造來滲透進諸如司法、軍警、情治、教育及
職業團體等各個部門，以及民間社會的各種組織[16]。因此，
面臨如此外在的敵對狀態所造就的這種內部嚴密控制與凝
結，當然會使得政府權威在這二十年來沒有任何大挑戰與
變化，結果所體現在政教關係上的，「只要是不涉及批評
政治或政府的言論，均賦予多數宗教團體相當大的傳教自
由」[17]。

　　於是在「以政領教」的架構下，嚴厲的控制使統治當
局得以掌控全局，並且是在不侵犯政治場域的界限下允諾
宗教之信仰自由，所以此階段的政教關係基本上仍可維持
表面的順從與和諧關係，只要不被統治當局認定有著受匪
利用(如一貫道)、爲匪宣傳(如印順的《佛法概論》)的嫌疑，
各式的宗教活動及其傳教自由是不會受到限制的，譬如「允

---

[15] 參見許福明，《中國國民黨的改造(1950-1952)》 (1986)，正中書局，p.48。
[16] 參見郭正亮，《國民黨政權在台灣的轉化(1945-1988)》 (1988)，台灣大
學社會研究所碩士論文，pp.31-4。
[17] S. Sawatzky, "*State-Church Conflict in Taiwan : Its Historical Roots and
Contemporary Manifestation*", Missiology: An International Review 9(4)：
449-463, p.458.

許在軍隊中傳教，在榮民醫院中傳教」[18]等。是故宗教在此階段得以蓬勃地發展，特別是基督宗教(包括天主教)，更是在與政府領導階層的宗教信仰相符映下而能快速地流傳。

1969-1989 年

時序進入 1960 年代末，由於國際情勢的結構性變革，台灣的國際地位隨著中共的外交攻勢而呈現著消長狀態。1969 年美國總統尼克森宣布削減美援以圖改善與中共的關係；1970 年在聯合國所發生的「中國代表權」問題危及了我方合法性之地位；1971 年中共取代了我方「中國代表權」的席位，我國也退出聯合國；1972 年尼克森訪問中國大陸，並發表上海聯合公報；1973 年美國終止對我國的無償軍事援助；1975 年美國總統福特表達其欲訪中國大陸；1978 年我國宣告與美斷交。從這段時間之流中可看出當時我國在國際情勢上的日漸窘境，不但要體認中共逐漸壯大的壓迫，更要面對著外交援手的無情離去，此時這塊反攻跳板著實成了一個汪洋孤島，這種情景也促使了島內某些有識之士的反思：如此情何以堪的世界圖像，為何是如此？

就國內情勢而言，在經濟上由於有 1972 年蔣經國所推動的「十項建設」，刺激了原有經濟來加速發展，也更推動了從農業到工業的整個社會結構現代化之轉變。這種轉變的最大特色就是中產階級的出現，這階級成員某部分進

---

[18] 查時傑，〈四十年來的台灣基督教會〉，收錄於《基督教與台灣》 (1996)，p.167。

入了政治的場域，並且投入了民主化的改革運動中，更甚者，他們對國內的反對運動奠下了基礎並開啓了這條抗爭列車，如 1977 年的中壢事件及 1979 年的美麗島事件就是最佳的例證。可見得統治當局對社會民間組織的嚴密控制已漸喪失其效用，一些有識之士不再一味的向外立志敵對，而是回過頭來向內反思自己，因此執政當局的統治合法性也開始被質疑。

　　上述的這種國內外情勢之劇變也反映在政教關係上。由於統治當局的反共聲囂日益直上，導致國內長老教會於 1969 年前後因「普世教協」(World Councils of Churches, 簡稱 W.C.C)[19]一案而與政府關係惡化，然長老教會受壓力退出普世教協後，台灣在國際局勢的架構下並未改善其地位，反而因外交的漸形失利而陷入困境，因此長老教會開始向內思索並對政府提出了三次建言[20]，進而也開啓了政教衝突

---

[19] 「普世教協」全名爲普世教會協進會，是一世界性的基督教組織，由於其信仰上所強調的各教會合一之觀點導致其接受中共教會的入會，因此當時政府強烈地質疑普世教協，且認爲長老教會加入普世教協係違反我國的反共國策。然同時期尚有一較小的世界性基督教組織：「萬國教聯」(簡稱 I.C.C.C)全名爲萬國基督教聯合會，此係爲一強烈反共的國際基督教組織且主張教會分離是符合聖經真理，他們更反對所謂親共的普世教協。參見成文秀，《護教反共叢談》 (1982)，協林印書管，pp.239-55。當時台灣有許多基督教團體加入此一教聯，因此也聯合起政府共同譴責長老教會，進而迫使長老教會退出普世教協。

[20] 這三次建言係爲 1971 年發表的「對國是的聲明與建議」，1975 年的「我們的呼籲」，以及 1977 年的「人權宣言」。這些建言其間因涉及到人民自決、獨立、及建立「新而獨立的國家」等議題，而與統治當局關係交惡。參見《台灣基督長老教會總會社會關懷文獻：1971-1992》 (1992)，台灣基督長老教會總會資料中心發行，pp.3-23。

的戲幕。另外，錫安山事件也是政教衝突的一個實例，統治當局基於「政治上的考量」而以妨礙治安和國家安全為由，於 1980 年授意國安局展開「清岳專案」來將新約教會的教徒驅離錫安山，結果也造成了教徒之反政府抗爭運動激烈地在街頭展開。就政府政策而言，統治當局自 1969 年起便展開了一系列對宗教團體之規範法案的提出，如在該年之台灣省政府所提出的 「台灣省寺廟管理辦法」及內政部所草擬的「維護寺廟教堂條例」草案，以至 1979 年的「寺廟教堂條例」草案與 1983 年的「宗教保護法」草案的提出等。

時序再開進 1980 年代，儘管國際情勢對台灣的影響日益減緩，但是此間「國內反對運動的抬頭以及選舉的激烈化」[21]卻持續地衝擊統治當局。1972 年首次舉辦的增額中央民代選舉，當時的無黨籍人士在此次選舉中有著「相當斬獲」，接著，在 1977 年 11 月的五項地方選舉中「國民黨遭到遷台以來最大的選舉挫折」，而從 1980 年到 1986 年為止，黨外選票呈「緩慢穩定的成長」[22]。然為什麼進入 1980 年代後黨外選票的成長會緩慢下來呢？當然宗教在此也扮演著一個關鍵的角色。統治當局意識到票源流失之危機轉而利用、求助於宗教團體，一貫道即是最明顯的例子。為求得統治當局的認同，一貫道於 1980 年、1981 年、1983

<hr>

[21] 林本炫，《台灣的政教衝突》 (1994)，稻香出版社，p.55。
[22] 同上，pp.56-7。

年和 1986 年的幾次選舉中全力動員支持國民黨候選人，並使其支持者獲致極高的當選率[23]，所以這在某種程度上也說明了黨外票源成長緩慢的源由，當然黨外人士後來也知悉了這股宗教龐大力量而有意地加以吸收運用。然而此時之宗教雖常被視爲是可利用的政治資源，「但是宗教並不形成影響政治的重要力量」[24]。

因此在「以政領教」的架構下，此階段的政教衝突是表現在統治者的主觀意志上，也就是說，凡順從者便利用而違逆者便排除，更甚者是乾脆聯合順從者來共同壓迫違逆者。但是，長期以來這種由上而下的政教關係模態畢竟是遭受越來越嚴重的挑戰了，政治上反對勢力一次又一次的反撲經驗也已擴散到宗教場域，宗教上本土意識的抬頭也刺激了各類新興宗教的發展，包括佛教及民間信仰的蓬勃景象。時代的巨輪推動著台灣政治社會結構的轉變，其轉折點被設定在歷史上的 1987 年。

「解嚴後」

1986 年 10 月蔣經國總統宣佈即將要解嚴及開放黨禁，而黨外勢力更於該年 9 月 28 日搶先宣佈成立「民主進步黨」[25]，隔年(1987)7 月 14 日政府宣佈解除戒嚴，與此同時在宗教場域上，統治當局也在該年初正式地讓一貫道合法化，

---

[23] 同上，pp.53-4。一貫道從 1980 年至 1986 年的介入選舉，可對照上述黨外票源緩慢成長的年代：亦是從 1980 年至 1986 年。

[24] 瞿海源，《氾濫與匱乏》 (1988)，允晨文化出版，p.359。

[25] 龐建國，〈國民黨與台灣地區的政治民主化〉，《中山學術論叢》,第十

並且在 10 月更協助新約教徒返回雙連崛。這是一個重大的轉折，多黨政治由此開啓，而政教關係也邁向了另一種新的旅程。

　　就當時的國內外局勢而言，由於國際共產勢力的垮台，蘇聯、東歐等共產國家相繼的變天，以及中共八九年「天安門事件」之民主化訴求，使得台灣在反共國策上做了某程度上的修正，不但開放與共產國家的貿易往來，而且也擴大了自1987年政府開放大陸探親以來的兩岸交流層面[26]；在國內方面，由於外在敵對情境的模糊化和內部對國家認同所呈現的差異，以及社會結構劇變所導致人們對未來的不確定感，這種「不知爲何而戰？」甚至是「不知爲何而活？」的共感刺激了一大推可提供價值、意義之組織團體(包括政黨、宗教)的出現。結果統治當局的終極性不再屬唯一，「三民主義」更淪爲多元價值競爭趨勢中的一環。

　　「政府的解嚴，無異是國民黨宣佈放棄在其政治上的絕對優勢。」[27]而 1989 年所公告的〈人民團體法〉[28]，又使得國民黨無法透過對單一宗教組織之壟斷來掌控宗教的發言權，因此政治上的多元型態導致了宗教組織的多元化，

期(1992)，台灣大學三民主義研究所印行，p.81。

[26] 參見台灣綜合研究院戰略與國際研究所主編，《大陸政策白皮書》(1998)，台灣綜合研究院戰略與國際研究所出版，pp.7-16。

[27] 江燦騰，《台灣佛教文化的新動向》 (1993)，東大圖書公司，p.191。

[28] 依照〈人民團體法〉中第一章「通則」的第七條所規定：「人民團體在同一組織區域內，除法律另有限制外，得組織兩個以上同級同類之團體。但其名稱不得相同。」受此影響最大的，應該莫過於是中國佛教會，因爲該法使它喪失了近四十年來對佛教的壟斷權。

同時，各宗教的自我組織化傾向也降低了統治當局介入的可能性，結果所呈現出來的政教關係差異化了它原本的模態，一種「政教互爲主體」的景象正要被形塑出來。

此時期的政教關係是詭異的，一方面是統治當局對宗教的控制意圖依然不曾停歇，譬如在 1989 年所發生的天主教「馬赫俊神父事件」[29]以及關於宗教立法案的再推行等，同時又開放或放任宗教的自由發展，如 1988 年開啓的兩岸宗教參訪活動和大批新興宗教的出現，以及至最近 1997 年新約教會之自行教育事件與 1998 年爲因信仰而拒服兵役入獄者所提出的社會役方案規劃；另一方面，宗教團體對統治當局依然有著依戀關係，例如佛教界之星雲、白聖等進入統治核心，長老教會的「李登輝情結」[30]，同時，宗教團體又常積極主動的涉入政治領域來與統治當局相抗爭，如1990 年佛教團體史無前例的「佛教救國救憲運動」與萬佛宗所成立的「真理黨」等，而長老教會也從解嚴前的宏觀式「建言」轉爲以社會微觀之「行動」層次來參與各項具體事件的抗爭[31]。

---

[29] 馬赫俊是天主教在新竹區的神父，他因參與支持國內勞工運動而被政府遣送出境。

[30] 佛教界大老如星雲、白聖、悟明法師等接受國民黨延攬，任中央評議委員會委員。另外，關於長老教會之「李登輝情結」的部分，參見陳玉梅，《台灣基督長老教會的政治參與》（1995），台灣大學社會學研究所碩士論文，pp.113-20，關於〈李登輝時代的政教衝突〉一節。

[31] 這些抗爭的訴求包括廢除核電廠、正視原住民問題、支持制衡力量、反對軍人干政、關懷二二八事件、主張國會全面改選……等等。參見《台灣基督長老教會總會社會關懷文獻：1971-1992》（1992），pp.97-134。

因此要解讀這種詭異的政教關係，唯有從「自主性」的觀點入手，也就是說，統治當局在政教關係上不再具有絕對的主體性，而宗教也不再只是被動屬性的客體存在，互為主體成了指向未來的時代之趨。這種宗教自主性格的生成，導致各宗教團體在政治參與上的自由選擇，「政教和諧」與「政教衝突」不再具有時代分期的意義，現在，意義已存在各個「事件」(events)當中[32]。是故，此時期推動宗教發展的主角不再是政治力，而是來自各宗教之信徒所帶來的民間社會力，對此，鄭志明就曾訴說「台灣宗教最大的特色是來自於民間的自發性，任何教派的發展多有其強烈的自主性，其發展的成敗在於信徒的供養與支持」[33]，而江燦騰也從統治的角度來詮釋說：「因為這牽涉到民眾的宗教習慣及各宗教背後所代表的群眾力量與經濟利益；而讓政府在解嚴後，為了考慮政局穩定，不敢驟下猛藥，以免引起激烈反抗的風潮罷了。」[34]由此可知，宗教自主性係扎根於民間社會力中，也因而使得本土化現象得以伴隨自主性，在宗教的氛圍中擴散開來。

　　宗教本土化即是宗教朝向以其所立足的台灣為反思主體的過程，這是不同於解嚴前以反共及回歸大陸之宗教思

---

[32] 也就是說，「政教和諧」或「政教衝突」的產生端視於政府與各宗教針對某特定「事件」的體認與實踐。

[33] 鄭志明，〈兩岸宗教交流之問題與展望〉，收錄於《兩岸宗教現況與展望》(1992)，學生書局，p.73。

[34] 江燦騰，〈充滿期待與變數的兩岸宗教交流〉，收錄於《兩岸文教交流論文選集(一)》(1992)，行政院大陸委員會印行，p.303。

考模式，所謂「根留台灣」也可用於解釋這種宗教現象，所以本土化思惟是立基於宗教本身在當下所處的位置。宗教到大陸的尋根風潮並不足以做爲此本土化的反詮釋，畢竟兩岸幾十年的分隔及社會政治的劇變已導致極爲不同的發展取向，尋根的內涵在某程度上可視爲是台灣島內各宗教派系在權力上的競逐與自我證明。因此，本土化現象在此時期中，也激盪起一些政教關係上的思考。

總之，解嚴後之宗教的多元化、自主性、及本土化發展已逐漸形構出「政教互爲主體」的關係模態，但是「互爲主體」並非「互不干涉」，而是宗教也慢慢地取得在政教關係上的發言權，同時也能夠開始影響統治當局的決策，在 1992 年至 1994 間所發生的「觀音像事件」就是一例，這是宗教團體成功地介入政府政策過程並進而影響政府決策結果的實例[35]。於此，傳統由上而下的統治神話被挑戰了，取而代之且可預見的，是一種由下而上或互爲主體的統治實境。

從前面的分期論述中可以得知，台灣政教關係的發展光譜約略可描繪出如圖 **5-1** 的呈示。

---

[35] 參見蕭子著，《台灣宗教與政治關係之研究：七號公園觀音像遷移事件個案分析》(1995)，pp.70 -88。

1949   解嚴前   *1987*   解嚴後

time ————————————————————————▶

    「以政領教」 ⟹ 「政教互爲主體」

  政教和諧 ——▶ 政教衝突

    (1969)

圖 5-1 台灣政教關係的發展光譜

  「解嚴」，是台灣政教關係的重要分水嶺，是從「以政領教」的模式邁向「政教互爲主體」模式的關口；而 1969年前後也是一個重要指標，它標示著在「以政領教」模式下之政教關係從政教和諧到政教衝突的過度。

  當然，依特定的年代(如 1969、1987)來做爲歷史的分期點可能會過於獨斷，因爲沒有一個歷史事實在時間的洪流中會是突然的消失或出現，我們相信任何的歷史轉折必然有其可依尋的因果脈絡，各個差別的跡象先前皆可尋獲，只是在某一年代會大量的、或具指標意義的浮現出來，而爲研究之便，該年代就容易被我們所標定使用。解嚴前的政治環境對宗教已有鬆綁的跡象，譬如 1981 年國民黨的社工會已開始阻止中佛會攻擊一貫道、1984 年准許了私立大學或學院設立宗教學院或系所、1985 年長老教會總幹事高俊明被釋放、1986 年秋開始允許新約教徒回錫安山等等，所以 1987 年的戒嚴令解除並非是不可預期的，但是該年的解嚴宣佈卻是一個可視之爲指標性的一年。

  台灣「政教關係」的分期一直無法以統治當局的政策

頒布或執行來明確的劃定，也許是因爲「政教關係」長期以來就是一個容易被忽略的課題，以致研究者寥寥無幾。在過去，政治一直是一個敏感的話題，而每當宗教事件被劃入政治議題時，便少有人願意去碰觸這種關係，但是，這種關係卻是一個存在的社會事實，也是一個可做爲在台灣之宗教發展的解析。就如同釋昭慧苦心呼籲佛教教團必須要正視政教「交集」的這個事實[36]，我們也要指出，「政教關係」本身就已蘊含了政教交集的命運，即使是所謂「政教分離」，也必須要有交集的部分來作爲它們分離判準的指標，因爲「政教分離」必須要被放置在「政教關係」下來論述才有意義。

底下，我們將開始以統治的技藝，來分別地探索解嚴前和解嚴後之台灣「政教關係」的展現模態。

二、道德性

不言而喻，我國自本世紀初立國以來，即是以三民主義做爲最高的意識理念與精神指導，而且也是統治道德的最終根源。我國憲法的第一條就規定：「中華民國基於三民主義，爲民有民治民享之民主共和國」，所以三民主義成爲我國立國的基礎與準繩，它不但提供著執政者在統治

---

[36] 參見釋昭慧，《佛教倫理學》(1995)，pp.245-6。

上的正當性，而且也爲整個國家及社會秩序架構出一套發展藍圖。因此三民主義不僅只是統治當局的道德準繩，更是成了全體國民的道德範本，它被形塑成一種信仰般的意識型態，進而又被強制地落實到日常生活的所有層面，這是屬於道德實踐的場域，一種所謂新民族性的精神風格(ethos)在此被養成。

（一）三民主義與宗教

鑑於外強侵略與滿清腐敗，孫文在致力於反清建國的同時，也思索著國家未來的發展走向，於是三民主義就是在如此動盪的時代中被創造出來，以做爲可推動時代巨輪的指導力量。孫文在其〈民族主義〉中就指出說：

> 什麼是主義呢？主義就是一種思想、一種信仰和一種力量。大凡人類對於一件事，研究當中的道理，最先發生思想；思想貫通以後，便起信仰；有了信仰，就生出力量。所以主義是先由思想再到信仰，次由信仰生出力量，然後完全成立。[37]

也就是說，思想、信仰及力量是構成主義的三要素，

---

[37] 孫文，〈民族主義〉，收錄於《國父全集》第一冊(1989)，近代中國出版社，p.3。

其間思想能導向力量之出現是在於它具有一種信仰或形成信仰的功用，而這種功用是能讓人們完全地奉獻出自己，彷彿如宗教般的那樣能使人獻祭自己的虔誠信念一樣，這是人們對其所信仰對象之毋庸置疑的信念，在尋求現實苦難的解決及嚮往美好未來的期盼中做無限的付出，也因此力量就會如此地凝聚與生成。其實，在〈民權主義〉中孫文也論及了這種宗教信仰的「避禍求福」功用，他就明白地主張，宗教係起源於對現實的恐懼之說：

> 這四種水火風雷的災害，古人實在莫名其妙。而且古人的房屋都是草木做成的，都不能抵抗水火風雷四種天災。所以古人對於四種天災，便沒有方法可以防備。說到人同獸爭的時代，人類還可用力氣去打；到了同天爭的時代，專講打是不可能的……於是發生神權。極聰明的人便提倡神道設教，用祈禱的方法去避禍求福。[38]

那為什麼宗教能夠使人們「避禍求福」呢？關鍵點就在於人們對宗教對象的那種「毋庸置疑的信念」之認知，因為只要相信它，將來就必定會得救。因此信仰的宗教質素被體現在力量的聚積上，而主義又具備著信仰功用的要素，所以主義能激發力量、創造力量來推動時代的巨輪。

---

[38] 孫文，〈民權主義〉，收錄於《國父全集》第一冊(1989)，p.58。

也所以無怪乎孫文會直稱「中國需要主義」，並且要由主義來做爲現代政治運動之中心，中國才會強盛[39]。於此，關於宗教與三民主義的「避禍求福」問題，孫文在民國十二年題爲「國民黨奮鬥之法宜注重宣傳不宜專注重軍事」的演講中，即分別地指出：

> 宗教之所以能夠感化人的道理，便是在他們有一種主義，令人信仰。普通人如果信仰了主義，便深入刻骨，便能夠爲主義去死。……我們國民黨要革命的道理，是要改革中國政治，實行三民主義和五權憲法。我們的這種主義，比宗教的主義，還要切實。因爲宗教的主義，是講將來的事，和在世界以外的事。我們的政治主義，是講現在的事，和人類有切膚之痛的事。宗教是爲將來靈魂謀幸福的，政治是爲眼前肉體謀幸福的。[40]

由此可知，三民主義與宗教的差別只是在於對此世與彼世、爲眼前肉體與爲將來靈魂謀幸福之不同，而其信仰的功用卻是一致的，因爲兩者同樣是一種主義，也同樣要求人們要對它全然地奉獻自身、至死不渝。是故，三民主

---

[39] 參見劉創楚、楊慶坤，《中國社會：從不變到巨變》(1992)，香港中文大學出版社，p.59。此書作者便認爲「主義」的這種類似宗教之性質及功能是顯而易見的。

[40] 孫文，〈國民黨奮鬥之法宜注重宣傳不宜專注重軍事〉，收錄於《國父

義是政治主義，是孫文為改革中國政治所發展出來的革命實踐主義，是為解決當前中國困境並架築未來發展藍圖的主義，所以它必須有著可貫徹的延續性，方不因領導的更替而改變。

就如同民初之反教者所宣稱「中山先生是一個『孫文主義』的領導者，同時還有許多共同從事創造『孫文主義』的人」[41]，因此對該「主義」的構造就並不孤單，而且擔負此傳承工作的便不乏其人。吳經熊即曾指出，「國父是三民主義的發明者，而 蔣公是三民主義的充實者與發揚者。」[42] 也就是說，蔣中正負起了三民主義傳承的擔綱重責，尤其是在那軍閥割據、日寇侵略的混亂年代，一種革命情懷與主義理想連繫了他與孫文的政治圖像，就如同蔣中正所自喻之：

> 余為從事中國國民革命之一人，余對 總理信仰之篤，雖無宗教之關係，然實無異於宗教，此即宗教式之信仰，此余所以始終成為 總理救國救民之信徒，……[43]

這是一種將政治圖像轉換為宗教圖式的傳承告白，而

全集》第三冊(1989)，近代中國出版社，p.393。

[41] 張振之，《革命與宗教》(1929)，上海民智書局，p.99。作者並指出，那些共同從事創造「孫文主義」的人尚包括胡漢民、朱執信等人。

[42] 吳經熊，《蔣總統的精神生活》(1976)，華欣文化事業，p.56。

[43] 蔣中正，〈二十六年耶穌受難證道詞〉，收錄於《蔣總統集》第二冊(1961)，國防研究院編印，p.2078。

宗教式信仰即意謂著做為孫文信徒的蔣中正會由此獲取力量來接續救國救民的任務。因此他比擬革命者如同人生一樣都必須要有信仰，革命主義也要有宗教式的信仰心，否則革命工作便不可成。由此可知，蔣中正是非常推舉宗教的，在〈育樂兩篇補述〉中，他就以標題「精神的安定力—宗教」來指出宗教所具有的安定精神之功能，他說：

> 惟有宗教信仰和人生哲學的基本思想，才是人格的內在安定力。一般教育家或科學家或許以為宗教是反科學的迷信，對共匪迫害宗教的暴行，不加重視。殊不知一個人沒有信仰，就失去了人生的歸宿；一個社會沒有宗教，就失去了精神的安定力。[44]

顯然地，宗教做為人們精神的內在安定力是社會存在的必要。蔣中正並且認為在這種宗教的功用下，是不能以反科學的迷信觀點來框定宗教，因為即使是科學也不能全以那種無精神的角度來界定它。他認為「我們今日要講求科學，不能單從『數學的』、『方程式的』科學的角度，來以偏概全，我們必須先認識科學的精神，必須先了解科學的真義」。[45]若不如此，則「科學愈發達，物質文明愈進

---

[44] 蔣中正，〈育樂兩篇補述〉，收錄於《國父全集》第一冊(1989)，p.224。
[45] 秦孝儀編，《蔣總統嘉言錄》第一輯(1967)，蔣總統對中國及世界之貢獻叢編編纂委員會，p.209。

步，而道德愈低落，精神生活亦愈貧乏」。[46]因此，宗教對於打造人的精神生活是重要的，它既可以安定人心又可充實人的生活層面，而這也是科學所無法取代與不足的，更甚而，宗教反能夠彌補科學之不足，就像孫文曾以佛理為例子而說它是可補救「科學之偏」[47]一樣。

從孫文及蔣中正皆自豪為宗教信徒的角度看來，三民主義與宗教似乎是可相當融洽及互為支持的，不管是「從神道而入治道」之信念(指三民主義)亦或是「從人性走向神性」的機構(指宗教)[48]，三民主義與宗教都呈現著相互表裡的模態，當然這也顯示出，在當時的政治處境下，宗教場域與政治場域的可轉化性在政治領導人的意念中必是深具著統治意涵。

(二) 政教融合

關於三民主義與宗教相互表裡的呈現，在孫文的思想中有如下的陳述：

> 為基督徒者，正宜發揚基督之教理，同負國家之責任，

---

[46] 同上，p.238。

[47] 孫文，〈民族主義〉，收錄於《國父全集》第一冊(1989)，p.37。

[48] 鄔昆如指出孫文心目中的宗教，既是倫理道德實踐的動機，亦是人類進化、是從人性走向神性的機構。參見鄔昆如，〈國父的宗教信仰〉，《近代中國》第 21 期(1981)，pp.227-30。

使政治宗教，同達完美之目的。[49]

今日中華民國成立，非兄弟之力，乃教會之功。雖然民國告成，自由平等，萬眾一體，信教自由，亦為約法所保障。但宗教與政治，有連帶之關係。國家政治之進行，全賴宗教以補助其所不及。蓋宗教富於道德故也。兄弟希望大眾以宗教上之道德，補政治之所不及。[50]

然凡國家政治所不能及者，均幸得宗教有以扶持之，則民德自臻上理。……惟願將來全國皆欽崇至尊全能之宗教，以補民國政令之不逮。願國政改良，宗教亦漸改良，務使政治與宗教互相提挈，……[51]

其間文脈所言「使政治宗教，同達完美之目的」、「以宗教上之道德，補政治之所不及」、「務使政治與宗教互相提挈」等語意，皆是在融合三民主義與宗教的共感，而以對照宗教的手法來將三民主義所賦予的統治合法性昭告於世。就以佛教為例，在釋東初的比對下「三民主義與佛教的目的，都在犧牲自己以救人、救世，並且以仁愛慈悲為出發點，解除人民一切痛苦。」[52]而戴季陶也曾說過，「凡

---

[49] 孫文，〈基督教徒應發揚教理同負國家責任〉，收錄於《國父全集》第三冊(1989)，pp.50-1。

[50] 孫文，〈以宗教上之道德補政治所不及〉，收錄於《國父全集》第三冊(1989)，p.75。

[51] 孫文，〈宗教與政治〉，收錄於《國父全集》第三冊(1989)，pp.132-3。

[52] 釋東初，《東初老人全集(5)》(1986)，p.626。此處，釋東初也言及了孫

真正奉行三民主義者，即能奉行釋迦教義，而真正之釋迦信徒，亦必能真正實行三民主義也。」[53]另外，江燦騰也在探討慈航法師的辦學理念時發現到這種共感關係，他說：

> 慈航法師在〈創辦台灣佛學院宣言〉中提到佛教與其他宗教一樣，皆佔社會文化的重要部分，其中，尤以佛教在人類社會中有最多信徒。而佛教之所以能影響現代人類的社會文化，實因它最理智、最能洞悉人類需要；而此一理念，並且可以和《三民主義》的學說相表裡。[54]

由此可知，這種政教融合的觀點不但在孫文思想中歷歷可見，並且也散見於一般大師、學者的言論中，而其融合之接點大都不外乎於中國傳統的「仁愛觀」。釋東初即言「孫中山先生大亞洲主義，不惟貫徹中國五千年來傳統王道文化的精神，並且融會了大乘佛教思想。」[55]而鄔昆如也認為孫文最喜題贈予人的「博愛」二字，是涵蓋了基督

文在其言論中所讚揚佛法的部分，如「一切慈善家所爲之善行，此救人之仁也；一切宗教家所行之慈悲事業，此救世之仁也；三民主義者，救國之仁也」。

[53] 轉引釋東初，同上，p.627。

[54] 江燦騰，《台灣佛教與現代社會》 (1992)，東大圖書公司，p.46。另外，作者也提到著名佛教大師：太虛大師，也使其「人生佛教」和《三民主義》會通(見 p.19)，以及革命僧林秋梧多次地引用「孫總理」的《三民主義》言論和國民黨理論家戴季陶的話(見 p.34)

[55] 釋東初，《中日佛教交通史》 (1970)，中華大典編印會印行，p.748。

宗教政治論

宗教與中國道統之本質而來作爲三民主義的最終基礎，這就是圓融地「把基督宗教消融在中國文化當中」[56]的一個例證，事實上蔣中正也早已指出「總理一生的人格和精神，完全以仁愛爲其基本，無論待人接物，莫不充分表現仁慈博愛的精神，……國父的革命動機，全爲仁愛，離開仁愛，便無革命可言」[57]。因此，以「仁愛」這種接點的政教融合，係存在於孫文之三民主義思想的道德意涵中，也是孫文向來對「王道」立場所採取的一項統治論述。

關於這種政教融合的景象，在蔣中正的思想中也可見到。吳經熊就曾強調說，「在蔣公的身上，宗教與革命是打成一片的。他以宗教精神，從事於革命大業；更以革命家的魄力，從事於宗教修養。因此，蔣公的精神生活是內外合一的。」[58]這是一種革命融合宗教情感的表現，而這種表現更呈顯在蔣中正的革命實踐行動當中，他在幾次的演講中即強烈地表達「信仰與行動合一」的主張，譬如在〈四十一年耶穌受難證道詞〉、〈四十二年耶穌受難證道詞〉、及民國 61 年的〈對世界基督教護教反共聯合會祝賀詞〉中都有提到此觀點[59]，他也常引用聖經裡的語句來合理化這種主張，譬如在民國 57 年的〈對基督教亞洲平信徒大會頌詞〉中，他就說道：

[56] 鄔昆如，〈國父的宗教信仰〉，《近代中國》第 21 期(1981)，p.230。
[57] 蔣中正，〈國父遺教概要〉，收錄於《蔣總統集》第一冊(1961)，國防研究院編印，p.49。
[58] 吳經熊，《蔣總統的精神生活》(1976)，p.159。

基督誨人「愛人如己」，與中國傳統文化之精義——「仁愛」實相吻合。而吾人今日從事之反共大業，厥在維護傳統文化，保障人類和平，亦即發揚基督之公義與真理。新約雅各書第 1 章第 22 節云：「你們要行道，不要單單聽道。」故基督信徒不僅應追求真知，而尤應力行實踐。[60]

所以，這種宗教式的革命行動刻劃出了蔣中正從加入革命軍、北伐、抗倭到反共等一生的寫照，不僅身體力行的致力於革命大業，同時也要求全體國民務必參與此工作，當然各宗教團體也不例外。

革命行動被符映於各宗教理念或義理之中，促使了政治與宗教在國家統治面向上相結合，而這種革命行動也成了各宗教所需遵循的行事準則。「反共」即是國民政府遷台以來最主要的國策目標，各宗教必須要把「反共」議題當成其教理中所蘊含的隱喻，經由交互融合及補充詮釋的揭示，宗教與「反共」成了同一戰線，宗教亦負起了「反共」的使命[61]，倘有宗教若非如此，則必然視其為中共的同

---

[59] 參見《蔣總統集》第二冊(1961)，與第三冊(1974)，中華學術院印行。

[60] 蔣中正，〈對基督教亞洲平信徒大會頌詞〉，收錄於《蔣總統集》第三冊(1974)，p.3117。

[61] 對此，蔣中正在民國 54 年〈對亞洲基督教護教反共會議開幕致詞〉中即已指出說：「凡信奉耶穌基督的人，都應該在耶穌的十字架下，與那些反共、反侵略、反奴役和愛自由、愛和平的人們。攜手合作，本著耶穌復活的精神，組成一條反共陣線，向共產主義發動一次信仰上的十字軍戰爭，以掃除共產主義處處滲透的邪惡力量。」參見《蔣總統集》第三冊(1974)，

路人，並以革命之名來加諸迫害與打擊。

綜上所述，相較於中共所依據馬列主義在宗教問題上所呈現的負面色彩，三民主義與宗教則表現為正面的融合景象，這種景象在孫文思想中處處充斥，而在蔣中正的言論裡也隨之可見。然而，此間所需注意的是，儘管政教融合之意象是體現在三民主義論述當中，但是三民主義與宗教在此融合過程中是否係屬兩個平等的意識形態將尚待斟酌，尤其置身於時代變動的政治場域裡且一切以統治為主軸的考量情況下，世俗國度在面對世俗問題時所採取的政治傾向，將以世俗的統治道德為其所根據的統治範本。這是毋庸置疑的，因為孫文早已說過宗教是針對彼世的、將來的靈魂謀取幸福，而三民主義卻是為此世、眼前百姓肉體來謀求幸福，這亦是針對現實且迫切的政治議題謀解決之道。所以政教融合並非意謂著政教平等，只能說在此政教交融關係中，政教的主從圖景能彼此融洽地接續與調合。

(三) 政教的主從性

孫文於民國元年在一封「復佛教會論信教自由書」的函電中，就針對「信教自由」之問題做一政教關係的陳述：

近世各國政教之分甚嚴，在教徒苦心修持，絕不干與

p.2672。

政治，而在國家，盡力保護，不稍吝惜，此種美風，
最可效法。民國約法第五條載明：「中華民國人民一
律平等，無種族、階級、宗教之區別。」第二條第七
項載明：「人民有信教之自由。」條文雖簡，而含義
甚宏。[62]

從此函電文脈中可看出「政教之分」的原則是：宗教
決不能干涉國家政治，而國家卻必須以行政長官的姿態來
保護宗教。也就是說，宗教成了被政治所保護之對象，而
且宗教在受保護下是沒有介入政治的自主空間，因此這已
然存有濃厚的政教主從性意涵，亦是一種由上而下的統治
關係被再度地確定與建立。像這種深具行政保護意義的陳
述，孫文在其「飭教育部准佛教會立案令」的公牘中更是
明確昭然：

> 茲據佛教會李翊灼等稱：設立佛教會，以求世界永久
> 之和平及眾生完全之幸福為宗旨，並呈會章要求保護
> 前來。查近世各國政教之分甚嚴，在教徒苦心修持，
> 絕不干與政治，而在國家盡力保護，不稍吝惜，此種
> 美風最可效法。……於該會要求者盡為約法所容許，
> 有行政之責者，自當力體斯旨，一律奉行。[63]

---

[62] 孫文，〈復佛教會論信教自由書〉，收錄於《國父全集》第四冊(1989)，
近代中國出版社，p.251。
[63] 孫文，〈飭教育部准佛教會立案令〉，收錄於《國父全集》第六冊(1989)，

文中之宗教要求國家給予保護，而國家必當奉行，因
爲國家擁有「行政之責」。

另外，查時傑歸納了孫文在任臨時大總統時，爲落實
政教分立之目標所建構的新政教關係有如下幾項：[64]

(1)宗教爲構成民族的第四個力量。
(2)宗教信仰自由。
(3)以宗教上之道德，補政治之不足。
(4)政治與宗教互相提挈。
(5)基督教徒應發揚教理，同負國家之責任。
(6)宗教徒是愛自己的國家的。

於此，查時傑認爲這種「政教分立的政教關係」是最
能夠去配合當時新成立的民主共和政府，而且也使得政教
關係得以保持良好與和諧的狀態，進而收取相輔相助之功。
當然，若以統治的觀點且以政治爲主體來看，宗教既能彌
補政治之不足，其教徒又必須要愛自己的國家、要負擔國
家之責任，這種宗教從屬性格的形塑就必然會與政治之關
係維持和諧，而這種和諧關係當然也是最能支持與配合新
成立的統治政權。所以「政教分立」是統治架構下之宗教
主體性的疏離，是必須歸於政治底下來綜合地保護與管理，

近代中國出版社，pp.79-80。
[64] 查時傑，〈民初的政教關係〉，收錄於《中國近代政教關係國際學術研
討會論文集》(1987)，淡江大學歷史系，pp.258-9。

政教的主從性關係在此也展露無遺。

　　關於政教主從性問題，在民初的幾次反基督教運動過程中有更鮮明的爭論。尤其在民國 17 年的爭論中，其辯異的主旨是集中在：「有了三民主義，還要不要宗教？有了國民黨，還需要耶穌嗎？」等政教二元性議題，結果爭論的共同結論卻都是主張宗教應爲黨及主義，也就是政治來服務，而針對這些爭論過程的分析，葉仁昌明確指出：「我們清楚地看見，清末以來的『國家之上的宗教』的政教關係局面被推翻了，重新回到了中國傳統的『國家宗教』或是『國家之下的宗教』的局面。」[65]因此國家與宗教至此有了階層性之顯著區分。但是，孫文畢竟是一位基督教信徒，在其革命過程也與基督教淵源甚深，更何況在「三民主義」中也充斥著政教融合的觀點，所以何來上述那種二元性對立的「諸神之爭」呢？當然這種「政教融合」到「政教衝突」之轉變有著時代背景的影響與考量，爲解說此悖論性議題，當時的反教者也有一套說詞[66]，只是我們此間所想表明的是政教的主從性關係，已從孫文思想的蘊含中被後來

---

[65] 葉仁昌，《五四以後的反對基督教運動—中國政教關係的解析》(1992)，久大文化公司出版，p.93。關於清末以來「國家之上的宗教」的政教關係論題，主要是指涉跟隨當時西方列強而來的基督宗教，由於各列強武力的保護下，基督宗教在面對弱勢的中國政府時，其政教關係所呈現的有如「國家之上的宗教」一般，參見該書，pp.11-47。

[66] 譬如當時一位反教者袁業裕即說：「然而正因爲總理不迷信基督教義，不迷信夢想的天國，所以才有三民主義的發明，並且畢生努力於實踐三民主義的國民革命」、「總理生平信仰之誠不在基教，而在三民主義」。轉引自葉仁昌，同上，p.155。

的詮釋者所彰顯出來，以致不管是在「政教融合」亦或「政教衝突」的政教關係中，三民主義均成了最高的道德性指導及最終價值的參照根源。

身為孫文的追隨者與三民主義的發揚者，蔣中正也接續地步入基督宗教的信仰殿堂，但是他的入教過程卻為後人認定是充滿了政治意義，因為蔣中正原出生於佛教家庭，其成長過程受佛教之影響甚大，而直至民國 16 年與宋美齡結婚後才開始信奉基督。當然這是宋美齡母親允諾此婚姻的條件，而蔣中正也先應許「我願意研究它」，之後並於民國 19 年接受了基督教的洗禮，然而就如釋東初所言：「蔣公兼信耶教的目的，乃在完成革命工作」[67]。其實，在蔣中正結婚日之晨所發表的一宣言中即已明示說：

> 余確信余自今日與宋女士結婚之後，余之革命工作必有進步，余能安心盡革命之責任，即自今始⋯⋯。從此余二人決為中國革命盡其最大之努力焉。[68]

由此看來，這種婚姻與革命工作的結合，必然也促使了宗教與政治的關聯，無疑也使得整個婚姻與宗教皈依淪為是一項以政治考量為中心的連結。所以，對於這種在政治考量下的宗教皈依，就必定會受到某些宗教團體的質疑，

---

[67] 釋東初，《東初老人全集(5)》 (1986)，p.650。
[68] 轉引自釋東初，同上，pp.624-5。

例如當時的一本名爲《基督教世紀》的美國期刊上就有著如此的評論：

> 蔣介石的進入本國基督教社會，將受到有限制的熱誠歡迎。中國境外的教會，一定要觀察相當長的時間，才能結論說他的受洗代表一種勝利。……對上帝的王國來說，這絕不是在中國的一大進步。[69]

因此，以革命工作爲考量下的政教關係，從開始以來一直是蔣中正看待宗教的一種取徑，而幾次在爲耶穌復活節證道的言詞中亦可嗅覺出這樣濃厚的政治味道，特別是在遷台反共的年代，此種革命大業未成的呼籲更充斥在他各項的論詞當中。譬如在民國 54 年的〈對海內外全國佛教僧伽會議頌詞〉中他即明言：

> 我全國同胞，不分男女老少與宗教信仰，允宜一致奮起，同心合力，消滅匪僞政權，以實踐救國之天職，恢復人性之尊嚴。貴會團結海內外佛教徒舉行代表大會，研討今後如何致力於反共大業與如何加強聯繫海外僑胞，打擊共匪邪說，粉碎匪僞陰謀等事宜，意至深遠，殊堪嘉慰。[70]

---

[69] 習賢德，〈孫中山先生與基督教〉，《中山學術論叢》第九期(1990)，台灣大學三民主義研究所印行，pp.158-9。
[70] 蔣中正，〈對海內外全國佛教僧伽會議頌詞〉，收錄於《蔣總統集》第

也就是說，宗教配合政治運作而齊赴反共大業是一項救國的體現，這種體現也使得宗教涉入了政治場域並受政治所支配，而此兩造關係在主從性格的展示中被威權統治狀態所深化與固著下來，於是，政教的主從關係被推到兩端，其間政治的一端更被無限上綱並且反過來主導或制約宗教的走向，故而「以政領教」的政教模態焉然定型。

（四）政治宗教化

　　政治的無限上綱，使得其所依尋的統治道德之根源導向一種「擬宗教」的顯現，這種顯現即是「一種『主義式』(-'ism)的世俗化信仰，一種意識型態的絕對化」[71]。三民主義就是這種世俗化信仰的最明確實例，孫文早已說過這種主義是比宗教的主義還要切實，因為它是在現世之內為人們謀求生活幸福的指導，然絕對化的結果無疑也使其具備了一股「宗教性質素」。

　　其實這種擬宗教的現象，也可以從一些對政治領導者與宗教神話的類比敘述中看出。孫文本身就常被其追隨者拿來做為這種政治宗教化的類此，尤其是與聖經中帶領以色列人出埃及的摩西來進行情境對照一般，譬如當時劉廷芳就提出了一個這種類比，他說：

三冊 (1974)，p.2877。
[71] 董芳苑，《宗教與文化》(1995)，人光出版社，p.30。

(孫中山先生)自覺被上帝召喚此正與摩西少年在何烈山頂牧羊時從荊棘中聞聲應召相同。他創立民國,使四萬萬同胞脫離滿清專制的權威,正如摩西引導同胞出埃及。他為革命勞碌四十年,又與摩西曠野中引導希伯來人四十年的時期相等。摩西領民出埃及,而未能親入迦南,中山先生今日革命的工作只成就第一步,而要建設真正民國的志願,還未達到。摩西登尼波山頭,遙望迦南而死。中山先生撒手歸去,我中華國民流乳與蜜之迦南,還遠在前途。尼波山頭的遺囑,與中山先生勸國民努力的遺囑,實後先相映。[72]

經由此種孫文與摩西的類比,進而推出世俗革命與宗教神話的類比,於是不但造成孫文人格的被神化,甚至連世俗革命的意涵也被神聖化,結果一種比擬宗教聖戰的政治革命情愫便可被完全地激發出來,且關於信仰的犧牲奉獻特質也被極大化地提高。

蔣中正曾比擬說他對孫文的信仰是一種「宗教式的信仰」,這種信仰使他能擁有力量來亦步亦趨地追隨孫文共濟艱難。於此不難看出,政治領導人物的神格化現象係為其追隨者之有意或無意的造神運動使然,也因此那擬宗教景象能在政治場域中快速地蔓延開來,從而使得統治的正當性可獲具深固的支撐,一種不容置疑之信仰的支持。當

---

[72] 轉引自葉仁昌,《邁向台灣的神學建構》(1992),校園書房,pp.149-50。

然，基於此統治的理由，蔣中正也亦是被神化的主角之一，甚至被描述為是中國歷史上的一個「天人合一的神人」[73]。在民國 64 年蔣中正逝世之際，釋東初等人為表崇敬信仰之心便對政府提出一建議書，其建議內容主要摘錄如下：

> 為紀念豐功偉業的偉大領袖，似應將總統蔣公奉厝之地桃園縣改為中正縣或慈湖縣，大溪至石門水庫等地建設永久性的紀念公園，稱「中正國家公園」，以示崇敬，以表哀思。
>
> 民國 14 年 3 月 國父逝世，同年 5 月，廣東省政府會議議決，改香山縣為中山縣(如中山縣新志初稿)。
>
> 本省為崇功報德，亦應改總統 蔣公奉厝之地桃園縣為「中正縣」或「慈湖縣」，在桃園大溪至石門水庫間建設「中正國家公園」。[74]

像如此之「中正縣」、「慈湖縣」，以及「中正國家公園」等易名或稱名的建議，都是試圖對政治神化人物所採取的一種集體記憶之建構，亦是為能夠持續其統治經營的支持與保存。時至今日的「國父紀念館」及「中正紀念堂」等，皆展現著一種宗教殿堂的構造模樣混雜統治記憶的政治圖騰，這均是政治宗教化的實景。

---

[73] 參見釋東初，《東初老人全集(5)》 (1986)，p.610。

[74] 同上，p.607。

因此，在這種政治宗教化氛圍的籠罩下，統治的絕對性便會被構築出來，此間不但是從屬的臣民，甚至連宗教(宗教團體)都必須在其政治態度上要執以「忠君」(領袖不可污蔑)、「忠黨」(忠黨即愛國)、及「忠於三民主義」(將三民主義絕對化)爲信仰依歸[75]。可見得，一種將政治宗教化的統治體系，其意識形態勢必被置於最高的境域，並且也成爲統治道德的供應來源，於是就政教關係而言，宗教便必然要服膺於此種統治模態，受政治的指導甚至是向政治來靠攏[76]。所以，政治宗教化亦是政治絕對化的彩染，也就是將絕對化所深具的排它性格給彩染成一種信仰式的宗教意涵，因此政治成了神聖的禁地，「三民主義」也成了此禁地中的聖經，一切的統治施爲皆成了一項毋庸置疑的理所當然，凡侵犯到此政治禁地的，便是侵害了宗教所具有的神聖完整性，結果侵犯者是要被排除甚至是消滅的，如此才能恢復及保全政治統治運作的完整。

　　從統治的觀點言之，這種政治絕對權力的展示必然伴隨對異己的絕對壓制，因爲統治的正當性根源是來自於此政治禁地，一旦此禁地受到逾越時其統治正當性問題也必

---

[75] 董芳苑，《宗教與文化》(1995)，pp.49-50。對此，董芳苑即認爲這種狀況誠然像是一種政治幫派的作風。

[76] 其實這種例子是顯而易見的，尤其是體現於時下宗教的各種「善書」之中。董芳苑就曾指出這種情形說，時下流行台灣社會之各種「善書」，其主題不出於「教忠」、「教孝」，及如何擁護政府的言論。就以台中市聖賢雜誌社所發行的「聖賢」雜誌爲例，差不多每一期都刊出蔣經國的「嘉言」。參見董芳苑，同上，p.64，註 12。

定會受到搖動和質疑，所以凡被統治當局認定有政治疑慮的涉嫌議題就必得被以政治的絕對暴力來反擊，這也皆可從政府遷台以來的一些政教緊張實例中歷歷地呈示出。因此，政治的宗教化與絕對化同時創造了政教的兩極化關係，也就是說，既促使了政教融合的場景也創造了政教衝突的條件，這是一條界線被劃定後所自然會呈現出來的兩面，而政教關係也在融洽聯合與衝突排除的狀態中周旋不已。

對這般政治宗教化或政治人物神化的政教景象，而所可能會形成的一種統治暴力、迫害及宗教扭曲發展的未來展望，黃伯和即曾經對此有著深刻的感嘆。他說：

> 宗教絕對化自己的教義排除異己，已經夠可怕了。台灣的宗教卻更可怕的時常與政治勾結，製造政治偶像來叫人民膜拜。把政治理念或政治人物神化，原是獨裁國家統治人民的共同技倆，但是由宗教界去為政治人物祝聖，而抬出什麼「蔣公王爺」的偶像來，能不叫我們對台灣的宗教為之側目、訝異？宗教戰爭固然可悲，但當宗教成為政治的工具，為政治統治製造偶像時，這種政教聯手對人民的剝削、壓榨、迫害，我們良不哀嘆！要拯救人的宗教，該先拯救自己吧！[77]

也許這真是一種對政教現實無奈的感嘆，或也許這種

---

[77] 黃伯和，《宗教與自決》(1990)，稻香出版社，pp.210-1。

感嘆只是一項警訊來告知我們必須對政教關係來重新思考。但是以統治角度論之，這確實是在那政治至上的威權狀態下對尋求能夠持續統治之一種有效處理宗教議題的採行手段，因為統治本身已具備其固有法則性的運作方式，專制或威權的統治型態必定有其可相符映的統治邏輯，除非統治型態的轉變，否則政教關係的統治形式必定依循著此路徑行進。

總之，「三民主義」做為統治道德的根源一直以來在孫文思想和蔣中正言論中都呈現著毋庸置疑的模態，而做為這種終極價值的指導是與宗教一樣，皆是為人們謀求幸福的一種意識形態之構造，也都需要人們的信仰與支持。在三民主義的內核中，政教雙方是展現著一種和諧與相融合的關係，但也透露出以政治為主體的政教關係意涵，因此政教的主從性在其追隨者的詮釋中便獲具其意義。然在革命時代的震盪下，三民主義或政治的絕對化現象也促使政治穿上了擬宗教的彩衣，一種政治宗教化及政治人物神化的擴散效應被有意或無意的發展，這是統治難以避免的內在邏輯，亦是政治至上狀態下可預期的宿命。所以，「以政領教」的政教關係架構在這種統治型態中獲得了一種道德性意義，不但能夠在各種統治謀略及政策上提供合理性根源，也間接地支持統治暴力在被運用時所需要的合法性宣稱，因此，這是一種由上而下的政教關係，也是以政治為主軸的關係運轉。

然而時代的巨輪依然向前轉動，由於國內外情勢的遷

移也慢慢地回過頭來衝擊著已固著的那種政治絕對化的統治型態,「政教和諧」與「政教衝突」正逐步呈現消長的轉換,政教關係之僵化現象也持續地擴散開來。針對這種現象,趙天恩即認爲「影響中國政教關係趨向僵化的主要原因,在於政權依賴並且支持官方正統的傳統,中共堅持馬列主義,毛澤東思想爲其官方思想或主義,中華民國則以三民主義爲官方思想,只要雙方政府不放棄此正統思想或官方主義的傳統,中國政教關係也很難有新的突破。」[78]此外,傅偉勳也指出,「在台灣,由於 40 年來執政黨一味強化孫中山思想、國父遺教或三民主義的政治意識形態,且未及時配合新時代潮流謀求孫中山思想的『批判的繼承與創造的發展』,政治口號取代了啓蒙教育。因此,這幾年來台灣社會的(政治)民主自由化與(思想上) 多元開放化的大趨勢一旦形成;一成不改、墨守成規(而非原先極具啓迪性意義)的孫中山思想就開始逐漸失其穩固的地盤了。」[79]由此可見,隨著解嚴的到來以及統治型態的變異,政治至上的政教關係也已開始鬆動和轉變了,因爲三民主義不再是統治之道德意義來源的唯一供應地,人民對終極價值的追尋也不再唯一,多元社會已然成形,政教關係也驅向極爲不同的改變。

---

[78] 趙天恩,《中國近代政教關係國際學術研討會論文集》(1987)之分組報告部分,p.427。

[79] 傅偉勳,〈孫中山思想學術研究改進暨發展課題試論〉,《中山學術論叢》第十期(1992),台灣大學三民主義研究所印行,p.29。

三、謀略

　　謀略可說是統治當局在統治過程中所進行的一項設計及意欲，目的在構築出一場依據統治道德性而來的統治戲局，在戲局中，統治的合法性被界定出來並賦與其規則和限制，從而也範定了所要被懲罰和處理的非法境域。戒嚴體制即是台灣政教關係發展過程中的一種特定的統治架構，在此架構底下「以政領教」式的統治謀略被從國民政府遷台前的政教關係模式中延留了下來，並且又在這時期注入了新的設計及意欲，從而形塑出符合此時期之特定對待宗教的統治謀略。因此底下，本文即以憲法和各種相關的宗教政策，以及宗教政治化等議題來考察戒嚴時期統治當局就政教關係上的論述情形和處置狀況，期能彰顯出當局在此時期就宗教議題所採行的統治謀略。

（一）憲法與宗教自由

　　我國憲法開宗明義規定：「中華民國基於三民主義，爲民有民治民享之民主共和國」，依據此憲法而與宗教相關的條文有第七條：「中華民國人民，無分男女、宗教、種族、階級、黨派，在法律上一律平等」；第十三條「人民有信仰宗教之自由」；第二十三條對該自由權利的補充

規定爲：「除爲防止妨礙他人自由，避免緊急危難，維持社會秩序，或增進公共利益所必要者外，不得以法律限制」。由此可知，立基於「三民主義」的架構下，憲法第七條賦與了宗教平等權，以及憲法第十三條賦與了宗教自由權，但是在這自由權之下又設定了憲法第二十三條所補充的限制。所以可看的出來，我國憲法中所明定的「宗教自由」只是簡略地做了一些原則性之宣示，而並沒有清楚地對該自由意涵詳加地界定，因此「宗教自由的意義就不能完全從憲法條文本身獲得釐清」，而必須要靠憲法學者「就參酌各國憲法及憲法的學理，針對宗教自由予以解釋」[80]。

關於「宗教自由」的解釋，一般可從個人內心信仰的自由與體現於外之宗教行爲的自由兩層面來考究。但有學者認爲，就內心信仰層面而言，由於其係屬心理作用而非能由外部來規制它，因此便不必以法律的陳述來保障其自由，所以憲法上所指涉的宗教自由應是專指宗教行爲之自由而言[81]。對此薩孟武即明白地指出，「信教自由不是謂心理信仰的自由，心裡所信的縱是最邪惡的宗教，國家亦無法限制。憲法所保障的信教自由係指宗教上的儀式、禮拜以及設置寺院、廟宇、教會、講道處所，並作宗教宣傳或作宗教上集會結社的自由。」[82]所以，此派的學者強調憲法所規制的信仰宗教之自由是指宗教行爲上之自由而言，蓋

---

[80] 瞿海源，《台灣宗教變遷的社會政治分析》(1997)，p.423。
[81] 參見張知本，《憲法論》(1979)，三民書局，p.226。
[82] 薩孟武，《中國憲法新論》(1983)，三民書局，p.109。

因個人內心信仰層面是法律無法強制與介入，所以憲法若對此層面來規範應係屬無意義。

　　然另一些學者就認為對這種信仰之自由與宗教行為之自由的區分，在憲法的解釋上是有意義的，因為信仰自由係概指人民有信仰任何宗教與不信仰任何宗教之自由，而宗教行為上的自由即意謂信教之人有參加宗教儀式以及宣傳教義之自由。對此，劉慶瑞更提出了宗教自由所包含的三種意義，即信仰自由、崇拜自由、及宣教自由等，他說：「一般言之，信仰自由係人之內心自由，可以說是一種絕對的自由。反之，崇拜與傳教自由係外表活動，與社會有密切關係，可以說是一種相對性的自由，其不得違反善良風俗或擾亂公共秩序，理所當然，所以在某種情形之下，應受法律的限制。」[83] 因此，宗教自由的涵義有了絕對的自由與相對的自由之分。同樣地，林紀東也對宗教自由的涵義做了「絕對無限制說」與「相對有限制說」兩種區分，並認為信仰自由是其他各種精神自由的基礎，所以應該給予一種絕對無限制自由之保障，「惟如假託宗教名義，妄言吉凶禍福，為祈禱符咒等行為；或對病人授與神符神水，以妨害治療者，亦不得加以限制，不僅妨礙社會秩序，違反公眾利益，亦非憲法保障信仰自由之本意。」[84] 於是就這派學者的論述觀之，此針對宗教信仰上與行為上這兩種

---

[83] 劉慶瑞，《中華民國憲法要義》(1976)，三民書局，p.76。
[84] 林紀東，《中華民國憲法逐條釋義》(1970)，三民書局，p.195。

自由度的區分，便較能夠與憲法第二十三條所做對自由權的補充限制相符節。

　　儘管在「宗教自由」的解釋上有著如此的差異，但此時期大多數的憲法學者卻普遍認為宗教自由是不應違反社會秩序與善良風俗的。當然，在反共國策與戒嚴體制所形塑的情境氛圍下，社會秩序一直是國家安全所強調的一環，而善良風俗更是為支持社會秩序所必須的一種民間公共善(common good)的導向[85]，因此在對憲法的解釋上，憲法學者除了強調「宗教自由」的積極面向外，更也凸顯了其限制性的消極層面。一般來說，關於宗教自由之限制性的消極層面可歸納為：[86]

1. 所有的宗教活動，不得違反國家的政令，例如人民不得以宗教信仰而拒受軍訓或拒服兵役，因憲法二十條明定人民有依法律服兵役的義務，不得以宗教信仰為藉口而拒絕。

2. 人民也不得因宗教信仰而拒向國旗敬禮，因為向國旗

---

[85] 董翔飛即指出，宗教自由能否違背善良風俗是我們在論述宗教自由時所必須談到的問題，譬如某教主張多妻，而國家依法取締時，是否構成妨害宗教信仰自由？另外又宗教儀式中常有以活人為祭品之行為，國家能否以宗教自由的理由，而容許此一以人為犧牲的違背善良習俗之殘暴行為？參見董翔飛，《中國憲法與政府》(1983)，作者自印，p.120。類似這些違反善良風俗的問題此書作者認為都是我們在論宗教自由時所要考量的，當然它也是影響社會秩序的一個主要因素。

[86] 參見陳永生，〈海峽兩岸宗教政策之比較〉，收錄於《中國近代政教關係國際學術研討會論文集》 (1987)，pp.400-1。

敬禮的目的，在於養成國家團結及國家安全的基礎，亦為維持社會秩序所必需，宗教上的信仰不能用作拒絕敬禮的正當理由。

3. 不得因宗教信仰而為犯罪行為，因此若有教人犯罪之邪教，也予取締。

4. 禮拜及傳教自由，不得違背公共秩序與善良風俗。

5. 禮拜及傳教自由，也不得違反國家利益。

6. 當前我國的國策是反共國策，凡違反國策之宗教活動，亦得取締。

　　當然上述的限制係有時代背景的考量，除了戒嚴時期所著重的反共國策外，其拒服兵役問題和拒向國旗敬禮問題在戒嚴體制下也都受到了相當的限制。以拒向國旗敬禮為例，當時多數憲法學者都傾向此類限制並進而反對美國 1943 年的判例適用於我國國情[87]，因為我國當時的處境係符合美國所規定限制宗教自由得在　「清楚且立即的危險」

---

[87] 人民是否能夠藉口宗教信仰上之理由而拒向國旗敬禮？這個問題，劉慶瑞便以美國的例子指出，美國最高法院在 1940 年的 Minersville School District v. Gobitis (310 U.S. 586)案件中，認為向國旗敬禮的目的是在於養成國家團結及國家安全的基礎，因此宗教上的信仰不能用作拒絕敬禮的正當理由。但是在 1943 年的 West Virginia State Board of Education v. Barnette (319 U.S. 624)案件中，最高法院卻推翻以前的判例，認為強迫學生向國旗敬禮有違背憲法修正第一條的信仰自由。針對美國這種判例上的轉折，劉慶瑞認為此種解釋並不適合於當時我國的國情，而只有美國最高法院在 1940 年的判例，才與我國當時的國情較為相似。參見劉慶瑞，《中華民國憲法要義》(1976)，pp.76-7。

(Clear and Present danger) 的狀況中，而國旗是代表國家的統一並可激發愛國心以促進全體人民的團結，是故人民不得因其宗教信仰上的理由而拒絕向國旗來敬禮。對這種宗教自由之限制在憲法上的詮釋，以及一些法令規章就此情形的取締，洪應灶便認為「蓋當我國國運艱難之時，欲建設一鞏固之國家，則國民不能無共同之信仰，否則民志不能齊一，社會不能安定，國家不能鞏固，且所信仰者，非個人宗教哲學上之信仰，而為大眾政治經濟之信仰。是向國旗及 國父遺像致敬，乃增加對三民主義之信仰，亦可增進國家的團結、統一、和安全。故上述法令或學校規章應認為合憲。」[88]由此可知，要探究憲法上所言「宗教自由」的內涵，以及掌握憲法學者對「宗教自由」的解釋，是必須要扣緊時代背景，特別是戒嚴體制下之政教關係來理解。

日本學者曾指明，「憲法典，一方面規定個人自由權的信教自由，同時，另　方面，在很多情形下也就 『政治與宗教』的關係，或者更正確的說 『國家與教會 (乃至宗教團體)』的關係，要如何規範加以規定。」[89]因此，「宗教自由」本身必然會反映出「政教關係」的情境，相對地，「政教關係」也會影響「宗教自由」的意涵，兩者彼此在時空的框架下會互為地界定和說明。儘管學者們在檢索西

---

[88] 洪應灶，《中華民國憲法新論》(1956)，作者自印，p.53。
[89] 轉引自李建忠，〈台灣戰後信教自由的回顧與展望〉(1998)，戰後台灣人權的發展系列研討會論文，台灣法學會，p.3。

方宗教自由的內核時，爭相提出所謂的「真義說」[90]，但在實際的層次上以及戒嚴的體制下，「宗教自由」所呈現在以政領教的統治模態底卻有著不同的詮釋意涵，也就是說，此時期的「宗教自由」是三民主義架構下的宗教自由，是臣服於政治統禦下的宗教自由。

同樣地，就宗教自由之另一層意義「政教分離」而言，也是如此。憲法學者對此「政教分離」的原則或言「信教自由的效力」一般歸諸下述因素：

1. 國家不得設立國教。
2. 國家不得因人民的信仰或不信仰而予以優待或歧視。
3. 國家不得由國庫資助任何一種宗教或全部宗教。
4. 國家機關與學校不得推行或強迫任何方式的宗教教育。

這係以西方政教經驗而得來之構成政教分離的各個因素，基本上也蘊含了西方宗教發展的歷史記憶與軌跡，倘若與戒嚴時期台灣宗教自由做一對照，便會發現政教分離的原則似乎並不適用於這裡。例如我國本來就無國教問題，因此沒有任何宗教能夠取得政治上的優位，所以對信仰或

---

[90] 譬如瞿海源就曾界定說：「宗教的自由與政教分離的真義乃在於宗教自由不受政府的干涉，而宗教團體也不受政府的資助與獎勵。就以純正高深的宗教理念而言，宗教團體也不應以宗教的理由而接受世俗政府的褒貶。」參見瞿海源，《台灣宗教變遷的社會政治分析》(1997)，pp.447-8。

不信仰的人民也就無所謂歧視問題；而關於國家資助宗教的問題便向來不絕於耳，像是中央政府就曾編列預算補助興建台北市首座清真寺，甚至當時有某立委更要求為此編列二億元的預算，另外像是各宗教團體赴美參加世界僧伽大會、福音廣播年會、及雷根總統就職大典等，以及回教的朝覲團……，這些皆悖離了上述之政教分離的原則[91]。

所以，「政教分離」是否意謂著政治和宗教完全地劃清界限，就必須諸多斟酌，因為期間所要考量的還有特定歷史、文化、國情、及特殊內外情境等因素的涉入，而這些因素的涉入亦會影響國家與宗教間的互動模態，因此如果要以「政教分離」來理解宗教自由，就必然要對「政教分離」做一番另類的詮釋，也就是說，「『政教分離』所謂的『分離』，並非在現實的制度面上要求國家與宗教或教會間『完全地』不具有任何關連，而是要求在具有普遍性的『政教分離原則』內涵下與宗教『保持距離』。」[92]而這普遍性的「政教分離原則」便端視著特定的時空背景與特定的政教情境。

戒嚴體制下的台灣，其政教關係所展現出來的是一種「以政領教」的統治型態，因此對於憲法中的宗教自由便有著特定的詮釋意涵，這皆可從當時的憲法學者對宗教自

---

[91] 參見李建忠，《政教關係之研究》(1991)，輔仁大學法律學研究所碩士論文，p.126。

[92] 馬緯中，《法與宗教之研究：論現代法治國下的宗教自由》(1997)，中興大學法律學研究所碩士論文，p.118。

由的解釋中看出。或者就如同羅賓斯坦 (M. A. Rubinstein)
所認爲，儘管台灣憲法中規定的宗教自由是很簡明扼要，
但是在現實性 (reality)層面上卻是非常的複雜，也就是說，
「惟有宗教團體不以任何方式挑戰國家的權力或權威，以
及不糾正對國家意向與其政治道德上的訓諭，則宗教團體
方能夠自由地(unfettered)存在。」[93] 因此這已表明了宗教
自由的現實性體現，只有在服膺政治的領導下，宗教才有
「自由」可言。

(二) 宗教政策

　　憲法中所範定的宗教自由，蓋因中國傳統的統治結構
及其當時所處之內外情境的變異而存有著特定的詮釋意
涵，這是以政治爲考量主體下的宗教自由，因此相關宗教
政策的制定便在此時對憲法詮釋之意涵下，逐一地被統治
當局所建構出來。而對宗教政策的建構，其實就已意味著
政府對宗教的主導與宣示，因爲它表達了政府對宗教的觀
感與態度，以及就相關的宗教情事做一確切的規制，所以
從宗教政策的條例陳述中，隱然已可嗅出政府與宗教間的
關係模態。

　　在台灣，關於宗教政策的法律規定一直是以 1929 年(民

---

[93] Murray A. Rubinstein, *Patterns of Church and State Relations in Modern Taiwan*，收錄於《中國近代政教關係國際學術研討會論文集》 (1987)，
p.364。

國 18 年) 的〈監督寺廟條例〉爲規範宗教相關事務的母法，其條例的陳述主要是對寺廟財產和法物保全的規定爲主，而且也顯明了政府主管機關就對宗教事務所具有的監督與管理之責，其實從該條例名爲「監督」一詞即可知道政府在此政教關係中所扮演的角色與地位。譬如在〈監督寺廟條例〉 第一條中政府即主觀說明了寺廟的定義，從而也鎖定該法律所適用的範圍[94]；而第五條、第八條、及第九條又強調政府官署在行政指導上的管理與監督性，像是規定寺廟財產及法物的登記、處分與變更、及興辦事業與收支款項等；甚至第十一條明文指出住持違反條例規定之罰則，包括革職、逐出或移送法辦等。由此可知，〈監督寺廟條例〉 是具有濃厚的政治統御色彩，其條例陳述也透露出了一種由上而下的政教關係模態。

〈監督寺廟條例〉在台灣的適用性一直是引起宗教團體的爭議，尤其是佛、道兩教的對此條例施行之公平性的嚴重質疑。早在 1948 年的第一屆國民大會代表章嘉活佛、

---

[94] 〈監督寺廟條例〉第一條規定：「凡有僧道住持之宗教建築物，不論用何名稱均爲寺廟」。這條規定主要是針對佛、道等有住持駐守的寺廟，結果不但排除了基督宗教等非住持管理形式之教會，也排除了無住持駐守的民間宗教組織。例如台灣省政府民政廳於民國 70 年間的一份公文中便指稱：「財團法人天理教會興建教堂，不屬寺廟庵觀修建範圍，目前無須報經主管機關核備。」轉引自瞿海源，《台灣宗教變遷的社會政治分析》(1997)，pp.455-6。又如院解字第八一七號「耶穌教徒之禮拜堂浸禮堂雖亦宗教上之建築物非有僧道住持未能認爲寺廟」轉引自李建忠，〈台灣戰後信教自由的回顧與展望〉(1998)，p.22，註 17。因此該條例就宗教平等的面向上，政府對此寺廟之界定確實引起相當大的爭議。

李基鴻等兩百餘人，便提請政府改〈監督寺廟條例〉為〈保護寺廟條例〉，並建議政府採擇施行[95]，而至 1951 年時更有佛教人士提請政府廢止此一〈監督寺廟條例〉[96]。然儘管此〈監督寺廟條例〉在台灣施行情形極不理想而有名存實亡的現象，以及也造成了許多問題的產生[97]，但是政府在面對各種宗教議題時卻依然針對該條例做了許多擴張性的解釋，並依此解釋又建構了許多法規和行政命令。

此間值得注意的是，在這種擴張性解釋所造就的許多法規與行政命令中，卻常可見到與〈監督寺廟條例〉裡的規定相悖反，特別是最引起爭論的寺廟管理權問題。依據〈監督寺廟條例〉第六條之規定：「寺廟財產及法物為寺廟所有由住持管理之」，其間住持明確地被賦予寺廟財產及法物的管理權，惟至 1936 年在內政部所公佈的〈寺廟登記規則〉中卻言：「寺廟之登記由住持申請之。無住持者，由管理人申請之。」於是對寺廟的管理至此出現了住持和(可能非僧侶之)管理人兩種身分。在台灣，打從 1956 年起在省

---

[95] 參見《跨世紀的悲歡歲月——走過台灣佛教五十年寫真》(1996)，佛光文化事業有限公司，pp.67-8。

[96] 參見釋東初，《東初老人全集(5)》(1986)，p.53。

[97] 瞿海源即認為〈監督寺廟條例〉有四個比較嚴重的基本問題存在。第一，只監督寺廟不監督教堂，違反《臨時約法》及憲法中平等均權的規範。第二，政府以監督者的立場介入宗教，與政教分離原則不合，有損於宗教信仰自由，第三，偏重寺廟財產之處理，將宗教問題窄化乃至物化。第四，以佛道募建之寺廟為對象，忽略民間信仰非佛非道的混同性質，造成處理問題時之基本癥結。參見瞿海源，《台灣宗教變遷的社會政治分析》(1997)，p.455。

政府民政廳和內政部的各項釋示與行政命令中即不斷出現著「住持或管理人」的字眼，在民政廳 1956 年民甲字第 17655 號函中甚至規定著：「同時置有管理人及住持之寺廟，其職權劃分，可由信徒大會依照事務之性質決議處分。」又以省府 1957 年府民 1 字第 92914 號令稱：「寺廟依照規定應設置管理人。本省各地寺廟管理情形有設置管理人者，有由住持兼任管理人者，有因業務繁忙，設置管理委員會者，此外亦有依照民法規定設立財團法人者……」結果變成是以管理人為主，而住持為輔，甚至管理人取代了住持。到了 1960 年省府民政廳 49 民甲字第 18302 號代電又明示：「管理人與住持同時設置，是否重複一案，查住持係主持宗教活動，管理人管理寺廟房屋財產，二者同時設置並無重複。」於是政府遂將寺廟的法定代理人變為管理人而不再是住持，甚至於將聘任住持之權認定是屬於管理人，從此，寺院管理便進入了紛擾多事之秋。[98]

　　所以從上述寺廟管理權之問題可看出，統治當局經由

---

[98] 參見吳堯峰，《宗教法規十講》(1996)，佛光出版社，pp.194-6。
這種擴張解釋的行政命令與法規，基本上可看出統治當局所任意主導及介入宗教場域的情形，因為在〈監督寺廟條例〉中所給予住持的權限，其實是為修正民國 18 年初之〈寺廟管理條例〉中所改變先前對寺廟管理權之規定，該〈寺廟管理條例〉的規定中把住持的管理權改由三種方式來處理，也就是說除住持外還包括市縣政府及地方公共團體的人士，因此在寺產管理上對宗教團體造成極大的糾紛和困擾，所以才在同年年底以〈監督寺廟條例〉取代之，並範定住持的管理職責。參見瞿海源，《台灣宗教變遷的社會政治分析》(1997)，pp.448-9。結果上述這種情況，卻在國民政府遷台後被依樣的解釋與執行，可見政府干預及管理宗教的心態在此時期依然強烈和未曾改變。

行政權的介入，從而試圖嚴密地控制與監督宗教團體，在這些擴張性解釋的法規與行政命令中是極容易被檢視和揭露出的。然而這種介入卻造成了許多問題，以致除了被指責違背那不合時宜的〈監督寺廟條例〉之母法外，依學者的說法，也有下列之可議處：[99]

1. 寺廟另置管理人或管理委員會引發問題：管理人未有資格限制，致香火鼎盛的寺廟，遭地方權貴、惡霸覬覦，想盡辦法侵入組織管理委員會，加以操縱，破壞寺廟功能，更有不法斂財情事。

2. 規定信徒大會為寺廟最高權力機構的弊端：現行法令對於信徒認定標準之一是，對寺廟修建曾捐助五百元以上，或經常捐助香油錢達一千元以上者。容易授予有心人士可趁之機，只要花上數萬元，即可增加信徒百人，輕而易舉可左右寺廟，甚或據為己有。

3. 規定從信徒中產生住持造成寺廟品質低落；……

4. 最為宗教界人士批評訾議的是，政府為輔導寺廟健全發展，的確是付出不少精神，用意很好，但是對於「地下」寺廟神壇的畸形發展始終拿不出具體有效的對策，致地下寺廟神壇日趨氾濫，而合法寺廟卻備受過多、不合需要的束縛牽制。

5. 雖然依現行寺廟登記規則，規定寺廟應強制執行登

---

[99] 參見吳堯峰，《宗教法規十講》(1996)，pp.526-8。

記,如無特殊理由不登記者,可撤銷其住持或管理人,不過執行單位無心思餘力過問,地下寺廟來個相應不理,也拿他沒辦法。

　　儘管如此,統治當局依然不甘只對於寺廟財產的掌管[100],而試圖進一步擴大地去管理與控制宗教團體的各種層面,特別是在 1969 年前後當政教關係發生變化之時,當局便開始陸續地提出各種規範宗教團體的法案,亦即該年的〈台灣省寺廟管理辦法〉草案與〈維護寺廟教堂條例〉草案、1979 年的〈寺廟教堂條例〉草案、及 1983 年的〈宗教保護法〉草案等,以展開對各宗教團體(包括基督宗教等)的全面性監管。

　　台灣省政府所草擬的〈台灣省寺廟管理辦法〉全文共 38 條,其間包括寺廟登記、監督、及成立信徒大會等,而範定了各級政府在寺廟事務處理上的巨細靡遺。此辦法或者可視爲是〈監督寺廟條例〉 與其後的各種解釋、規定及行政命令的選擇性結合,不但還是以佛、道等寺廟爲規範主體,而且還設信徒大會來抑制住持的寺產管理權,因此引起了佛、道宗教界的嚴厲責難。當時的中國佛教會理事長白聖法師即如此的痛斥:

---

[100] 瞿海源就認爲民國 18 年所延用至今的〈監督寺廟條例〉,「基本上是處理寺廟財產的法令,不是一般的宗教法。」參見瞿海源,《台灣宗教變遷的社會政治分析》(1997),p.451。

這個辦法內容非常嚴重，有關佛教寺廟整個生死存亡的問題。假若這個案子在省議會通過了，我們所有的寺廟都會被非教內的人士奪取了，因為這個條例的重點，各寺廟都要成立信徒大會，信徒大會是寺廟的最高權力，寺廟裡的一切，都要經過信徒大會通過，寺廟裡的住持，不問出家僧眾或在家信眾都要經過信徒大會通過，由管理人聘請，寺廟裡還要製用明細帳冊，鄉、鎮、市、區公所，不定期日抽查，規定寺廟全年收入，提出百分之十為公益慈善事業，寺廟裡所設油箱，經過鄉、鎮、市、區公所派員同管理人及信徒代表二人監視點查數目，記載帳冊。如有管理人、住持不遵照其辦法辦理，違反者，政府驅逐，政府派人代為管理。[101]

　　然儘管此草案在宗教人士的抗爭、反對下由「省議會接受佛教會之陳情未予審議」[102]，但也由此可知統治當局在試圖掌握宗教行政事務上所展現出來的支配目的。此外，同年由內政部所草擬的〈維護寺廟教堂條例〉中共有 25 條條文，其間當局更把西方基督宗教(包括基督教、天主教等)納入此宗教法的規範對象當中，但是最後也因為宗教界的極力反對而未完成立法與施行。

---

[101] 轉引自瞿海源，同上，p.469。
[102] 吳堯峰，《宗教法規十講》(1996)，p.550。

1979 年內政部又草擬了〈寺廟教堂條例〉，根據瞿海源的研究，此條例的 26 條條文中竟包含或部分修正了原〈監督寺廟條例〉之四分之三的條文，原本宗教界就已反對或主張廢止此一不適用的條例，但是新條例卻又充斥著原條例的旨要幽靈，而且更擴大範圍及更加嚴厲地規範宗教活動，無怪乎會引起宗教界的激烈反對，在 1979 年《中國佛教》24 卷二期的社論中即曾指出：「就本草案的制訂來說，內政部的決策當局似乎並沒有站在各個宗教的立場，而是站在官員們自己的立場；換句話說，本草案和〈管理寺廟條例〉乃至〈監督寺廟條例〉一樣，都是側重在『管理』、『監督』，而不是民主國家所應有的『輔導』、『保護』。由於有關方面仍然死守住官員們自己的立場，因此修訂出來的本草案自然無法避免政權過度干涉教權的嫌疑。」[103]另外，基督教長老教會也極力地抨擊此一條例，例如在 1979 年的教會公報中就曾出現此類批判話語：「我們呼籲制止違憲的『寺廟教堂條例』之立法」、「國民黨越來越露出其真面目，一方面反無神論的共產黨徒，另一方面卻企圖要控制宗教，違反憲法所保障的宗教。」[104]由此可知，儘管該案在宗教界反彈下並未能經立法院審議，然宗教界對此條例之批評原由皆在於統治當局的行政干預，所以政治試圖介入與控制宗教是顯而易見的，事實上，我們若將本條

---

[103] 轉引自瞿海源，《台灣宗教變遷的社會政治分析》(1997)，p.473。
[104] 轉引自陳家倫，《台灣社會之宗教與政治關係之演變——一個宗教團體的社會學分析》(1985)，台灣大學社會學研究所碩士論文，p.99。

例擬定的時期置入當時的政教關係之背景來看，其實正是政治力反映在宗教上的體現情景。

　　在政教衝突的持續激烈下，內政部再度於 1983 年提出〈宗教保護法〉草案，結果此草案一出，又引起了宗教界之震撼與極力反彈。此草案共有 25 條條文，除了對一般宗教事務和寺廟教堂財產之登記與規定及相關罰則處分外，其間第八條規定從事宗教活動需以公開方式及本國語言行之[105]；而第九條更規定強調：「傳教活動，應符合國家現行基本國策，不得妨礙國家安全，履行公民義務，遵守公共秩序，提倡固有道德，維護善良風俗，並與其他宗教團體和諧共處，尊重其他國民基本自由與權利。」針對本條文的敘述如「基本國策」、「國家安全」、及「固有道德」等字眼而言，有學者認為這簡直是民主發展的大開倒車，不但強烈地規制宗教團體，甚至還把宗教團體給政治化，所以此法案的行政干預程度是比〈寺廟教堂條例〉草案更為地嚴重[106]；　而基督教長老教會則在呈給有關單位的反對〈宗教保護法〉請願書中亦指出：「〈宗教保護法〉草案的內容諸多與日本帝國主義戰敗前所實施〈宗教團體法〉相類似。正當大陸共產政權製造信仰自由假象之際，內政部草擬該法將破壞我國民主自由之形像，嚴重損害我國在

---

[105] 在 1979 年的〈寺廟教堂條例〉草案中也有類似的規定，譬如第七條便規定：「傳教應以公開方式並以中國語文行之，不諳中國語文者，得通過翻譯為之。」
[106] 參見瞿海源，《台灣宗教變遷的社會政治分析》(1997)，pp.480-7。

106-□□

台北市新生南路3段88號5F之6

揚智文化事業股份有限公司　收

姓名：

地址：

　　　市　　　　　縣
　　　鄉鎮　　　　市區

　　　路（街）　　段　　巷　　弄　　號　　樓

電話：（　）　　　　FAX：

（請用阿拉伯數字
書寫郵遞區號）

□揚智文化事業股份有限公司 □生智文化事業有限公司

謝謝您購買這本書。

為加強對讀者的服務，請您詳細填寫本卡各欄資料，投入郵筒寄回
給我們(免貼郵票)。

E-Mail:tn605547@ms6.tisnet.net.tw

網 址:http://www.ycrc.com.tw

您購買的書名：＿＿＿＿＿＿＿＿＿＿＿＿＿＿＿＿＿

購買書店：＿＿＿＿＿＿縣＿＿＿市＿＿＿＿＿書店

性　　別:□男　　□女

婚　　姻:□已婚　　□未婚

生　　日:＿＿年＿＿月＿＿日

職　　業:□①製造業 □②銷售業 □③金融業 □④資訊業
　　　　　□⑤學生 □⑥大眾傳播 □⑦自由業 □⑧服務業
　　　　　□⑨軍警 □⑩公 □⑪教 □⑫其他＿＿＿＿

教育程度:□①高中以下(含高中) □②大專 □③研究所

職 位 別:□①負責人 □②高階主管 □③中級主管
　　　　　□④一般職員 □⑤專業人員

您通常以何種方式購書?
　　□①逛書店 □②劃撥郵購 □③電話訂購 □④傳真訂購
　　□⑤團體訂購 □⑥其他

對我們的建議

國際上的聲譽。」[107]因此，〈宗教保護法〉草案中之規定相較於先前的宗教法案之規定，在監督與管理層面上都有過之而無不及，所以董芳苑乾脆就將這〈宗教保護法〉說成是〈宗教管制法〉而認為較符合其條文原意，因為它「就是以『現行基本國策』與『國家安全』為前提來立法的」[108]，而且是以政治因素之考量來為此宗教立法量身訂製。所以由於〈宗教保護法〉對宗教團體的規制性太強，除了傳統宗教之外，也壓抑和限制了新興宗教的設立與發展，以致因該法案的爭議太大而未能在行政院中加以討論，也因此無進一步發展而逐漸消失。

綜上所述，不管是〈監督寺廟條例〉及其所衍生出來的各類解釋、規定與行政命令，亦或是 1969 年及其之後的各項宗教法草案，都在在地顯示出統治當局所試圖去掌控宗教的意欲，也就是說，戒嚴體制下的宗教政策，基本上是對宗教以採行監視和控制為主的「以政領教」之策略。〈戒嚴法〉第 11 條第 2 款關於限制宗教活動之陳述是為，在戒嚴地區內之最高司令官有執行「得限制或禁止人民之宗教活動有礙治安者」之權力，這已明白的指出憲法中所範定宗教自由的特殊內涵，也更闡明了此時期政治在政教關係中的優位性，而這種優位性導致政治立場強勢地介入宗教領域，以轉轍宗教團體的走向。所以嚴格來說，此時

---

[107] 參見《台灣基督長老教會總會社會關懷文獻：1971-1992》 (1992)，p.43。
[108] 董芳苑，《宗教與文化》(1995)，p.27。

期宗教團體只能是被動地政治化而與統治當局維持順從的關係，倘若宗教團體採取主動政治化之過程（如基督教長老教會的三次政治性建言)則統治當局必然會有著嚴厲及迫害的回應。

　　總之，戒嚴時期的宗教政策，就如林本炫所言是「以統治者利益（或其政黨利益）為前提的宗教政策」、是「只以統治者自身的政治利益與考慮，嚴厲壓迫符合民間救贖需求的宗教信仰」[109]，所以這時期的政教關係，也就是建立在以政權為主體之上的政教關係，而宗教團體要能夠順利地發展，就必須要能符合統治當局的利益，不管是形諸於文字上的利益，亦或是實際參與行動的利益。

(三) 宗教政治化

　　戒嚴時期，宗教團體的政治化主要是統治當局在其統治過程中所有意或無意激盪出來的一項政治性議題。宗教團體若被統治當局認定有「政治問題」，也就是在「政治化」時被認定有「問題」或者是「問題」的被「政治化」時，則統治當局便擁有「政治」的藉口來壓迫與處理該宗教團體，一貫道與基督教長老教會便是最明顯的例子。早期的一貫道就是被認定有「政治」上的問題而被當局持續地壓迫及查禁，並且被視為邪教來加以取締，儘管一貫道

---

[109] 林本炫，《台灣的政教衝突》（1994），p.62。

辯駁它的宗旨是爲「達安定社會秩序，實踐三民主義崇高目的」及「亦爲反共抗俄一人動力」[110]，但是統治當局仍到戒嚴解除前夕才讓它解禁合法化；基督教長老教會在適逢反共聲浪高漲下發表其〈國是的聲明與建議〉一文而與當局交惡，儘管該教會總幹事高俊明直稱此非「政治行爲」[111]，但在統治當局的認知下，長老教會硬是被冠上有「政治問題」且被以「政治」的手段來處理。

　　宗教團體的「政治問題」一直是被統治當局無情的對待及壓制，但另一方面，統治當局又常將宗教團體給政治化來加以控制與收編，中國佛教會就是能夠顯明當局政治意圖的一個最佳實例之宗教團體。中國佛教會在大陸創立，而於 1949 年才在台灣復會，最初復會的目的主要是解決流亡台灣之大陸僧侶的設籍問題，以免除被誤認爲有「政治問題」上的困擾。當時遷台的國民政府爲整頓與掌控時局，因此也歡迎中國佛教會的復會，並且也要求該會要負起宣揚政府政策之責，所以依統治的觀點言之，「佛教在內政

---

[110] 關於一貫道所提出的辯駁，摘錄如下：「……(2)本道宗旨重在正心修身，發揚孔教敦倫理守綱常，孝父母睦鄉鄰，由宣揚舊道德身體力行，而達安定社會秩序，實現三民主義崇高目的，……本道恪遵聖人之奧旨啓發良知良能，虔修身心以期明心見性，做到天人合一之旨，此不但爲本國一最進步之宗教，抑亦爲反共抗俄一大動力。」轉引自瞿海源，《台灣宗教變遷的社會政治分析》(1997)，p.363。

[111] 高俊明於 1972 年 3 月在其〈「國是聲明與建議」在信仰上及神學上之動機〉之信仰告白一文中，即說：「台灣基督長老教會只是以基督教信仰的立場，在今日國家危急之時，發表『國是聲明與建議』而已，這並不是政治行爲。」參見《台灣基督長老教會總會社會關懷文獻：1971-1992》(1992)，p.6。

上，也被視爲輔政的力量之一」[112]。是故，統治當局對中國佛教會的介入和控制便是不遺餘力的。

基本上，中國佛教會是由全國佛教徒所組成的人民團體，除總會外又於各地設有分會，並由會員中定期推出會員代表來召開會員代表大會，以選出理監事來執行會務工作。因此，統治當局爲能掌控中國佛教會，最合法的手段當然就是透過對選舉的介入方式，楊惠南便指出當局對中國佛教會的介入似乎不只一次，譬如在 1974 年第八屆中國佛教會的選舉中，當局就曾同樣地扮演了這種「積極參與」的角色，他引述智銘在〈中佛會八全大會旁觀記〉一文中所說到：「 此次理監事選舉，黨所提的候選人名單，都經過有心人士刻意安排，只要是佛教界資深一點的法師，可以一目瞭然，不但如此，即使發票、唱票、監票、記票的人，也經過事先的妥善安排，因此，選舉的結果是一面倒，我敢斷言，大會被少數人完全控制掌握……」[113]。由此可知，中國佛教會的政治化對於統治當局在控制及收編的統治謀略上是必然要歷經的一項過程，而這種過程當然也表現在

---

[112] 當時的副總統兼行政院長陳誠，就曾在官邸邀請甘珠爾瓦活佛、慈航法師和律航法師等三人會談，要他們旅行各處向台灣同胞宣揚佛法，以使台灣民眾能支持政府，於是「三師乃於秋季遍歷全省各縣市，弘揚佛法，慰問信徒，宣揚政府宗教政策，鼓勵衛國衛教弘願」。參見江燦騰，《台灣佛教百年史之研究：1895-1995》(1996)，pp.289-90。

[113] 參見楊惠南，《當代佛教思想展望》(1991)，東大圖書公司，p.35。此外，早在 1957 年《海潮音》56 卷 1 月號的「社論」中也曾如此批評說：「白聖主持『中佛會』十幾年……只知利用黨政的關係，排除異己，把持教會，操縱選舉，藉著斂財……。」同上，p.34，註90。

其他的宗教團體上。道教會也是一個例子，依《重修臺灣省通志》所載，道教會就是屬於一「為宗教性而兼政治性之組織」[114]，因此政治意涵在該會的功能運作上，應是如同中國佛教會一般，一切都盡在不言中了。

　　關於對宗教政治化的考察，也可以就各宗教團體的教規、宗旨、及其它相關內容等等來檢視之。譬如天理教的教規中就有「擁護政府國策」的字眼；天帝教的教義也有要求著「早晚祈禱，為化解世界核戰毀滅浩劫及促進早日實踐以三民主義統一中國而奮鬥」；大同教(巴哈伊)的教規有包括要「效忠政府」；一貫道的道之宗旨也含「愛國忠事」一條；道教會的宗旨提到了「弘法護國」，而其任務之一更包括要「協助推行政令及社會運動」[115]；道教居士會所訂定的總合功行綱領第九條有「配合國策，推行教義」的文字；中國回教協會之七大工作目標中的第二目標是「組織教胞，擁護國策，參與各項活動」；以及軒轅教創教者王寒生所說，「在政治上，自奉三民主義為最高理論」[116]等等。

---

[114] 瞿海源編纂，《重修台灣省通志》卷三第一冊(1991)，台灣省文獻委員會編印，p.34。

[115] 以上參見吳堯峰，《宗教法規十講》(1996)，pp.6-7、478。

[116] 以上參見《重修台灣省通志》卷三 (1991)，第一冊，p.34；第二冊(台灣

表 5-1　台灣各宗教團體「宗教政治化」的實例

天理教	教規	擁護政府國策
天帝教	教義	早晚祈禱，為化解世界核戰毀滅浩劫及促進早日實踐以三民主義統一中國而奮鬥
大同教(巴哈伊)	教規	效忠政府
一貫道	道之宗旨	愛國忠事
道教會	宗旨 任務	弘法護國 協助推行政令及社會運動
道教居士會	總合功行綱領	配合國策，推行教義
中國回教協會	工作目標	組織教胞，擁護國策，參與各項活動
軒轅教	創教者主張	在政治上，自奉三民主義為最高理論

　　從以上關於擁護國策和實踐三民主義，以及要效忠政府與協助政府推行政令等字詞中，即可看出各宗教團體在此時期的政治化情境之浸染狀況，而這種浸染狀況也形成了一種宗教間的相互監視與擴散影響，進而連結成一宗教共同體的網絡並與政治間形塑出一種「以政領教」的政教關係之展現模態。因此，倘若有某宗教團體試圖跨出這種宗教網絡或此類政教關係模態，則不但會遭致來自政治力量的壓迫，同時也會承受宗教團體間所施予的壓力。

　　基督教長老教會便曾經是這種政教形勢下的受壓制對象。當時在那極度反共的年代，長老教會加入那接受共產教會的普世教協組織，已明顯違背了當局所設定之國家最

省文獻委員會編印)，p.879、893。

高的政策宣示，亦即反共國策，同時也背離了其他宗教團體所共同一致的反共主張，因此在政治與其他宗教團體，以及教內某些異議等的聯合壓力之下，長老教會於 1969 年前後被迫退出了普世教協，並且於該年在總會成立了「反共推行委員會」以表明其反共立場，「在成立的前兩年，教會積極參與反共推行事工，推動反共護教，為光復大陸祈禱，一方面表示教會也是在『反共』，以避開教會內、外對教會不愛國的攻擊。」[117]由此可知，宗教團體即使在本身教義的詮釋下合理化了其所進行的宗教活動，但是在政治至上的統治架構下，宗教團體必然要被政治化來接受政治所賦予的合理性，倘若兩種合理性有顯著的衝突，則政治合法性的問題便會落入該宗教團體身上，而以政治的手段來對此宗教做政治上的料理。

然而，隨著國內外政治時局的演變，原本政教和諧的局面也逐漸地往政教衝突的現象來擴展和發展，尤其是在經歷了與基督教長老教會的三次建言和新約教派的錫安山事件，以及政治上的美麗島事件後，統治當局在政教關係上所展現出來的景象，是更為地強化對宗教的整編與控制之企圖，特別是在宗教立法上的強烈主導意圖。當時在社工會的一份 1982-1984 年的黨務系統報告書中，就有如此的陳述：

---

[117] 陳玉梅，《台灣基督長老教會的政治參與》 (1995)，p.56。

盡早完成宗教立法，保護合法宗教正常發展，以利宗教輔導業務進行。加強吸收宗教團體負責人，重要幹部及神職人員加入本黨，積極完成寺廟教堂佈建計畫，厚植本黨在宗教界的基礎。

政府主管機關及本黨各級組織，均應建立寺廟教堂個案資料和重要宗教界人士個人資料，以便加強聯繫服務。淨化宗教信仰，發揮改善社會風氣功能，繼續疏處少數偏激言論及不妥宗教活動。[118]

另外在其他黨務系統的報告中，也明白地指出要如何利用宗教團體來宣傳政府國策以及訂定條例管理教會等，如：

目前在台灣各地均有基督教同工聯禱會之組織……政府可透過此種組織或藉基督徒公務員做為橋樑與之聯絡……使其瞭解政府關懷教會之德意，激發熱愛國家，擁護政府。

今日教會亦為宣揚國策最佳場所，政府各種施政宣傳資料，不僅可透過教會分發，亦可在教會各種刊物中登載，而教會負責人時為最佳人選。

過去政府對於宗教輔導不夠積極，溯自「高雄美麗島事件」發生，因其中涉及幾位教會人士，始予特別注

---

[118] 轉引自陳玉梅，同上，p.86。

意，並草擬宗教管理條例[119]。

　　由此可知，1983 年的〈宗教保護法〉草案就是在這種背景下被當局所建構和提出來，也因此在此草案內容中會存有著政治性與道德性要求的條文，也就是在強調反共宣傳的同時，不但規定傳教活動要符合基本國策，而且要重視固有的倫理道德。這種由上而下的政教關係，甚至把政府「關懷」教會的情形視做為是一種「德意」，彷彿是政府對宗教或教會的施捨。

　　所以，宗教政治化是戒嚴時期統治當局在政教關係上所持續採行的一種統治手段，當然這種政治化情形是有著時代背景的意涵，也是當局為能保證持續統治的一項統治謀略。然而時代的巨輪依舊向前轉動，台灣政治社會結構也在轉型，而歷經政教擴大衝突的結果，亦導致統治當局試圖更嚴密的對各宗教團體實行監控政策，但這種嚴厲監控的情形在政治社會結構轉變下又必會引起宗教團體更大的反彈，因此政教關係又更為激烈地對立。所以一旦統治型態轉變，這種統治策略也就會逐漸失去它的效力了。

　　綜上所述，儘管我國憲法中明示：「人民有信仰宗教之自由」，但是當我們檢視此時期憲法學者對此自由意涵的解釋時，卻發現了此自由涵義被賦與特定的歷史情懷而結合進我國國情之中。因此「宗教自由」成了一種相對的

---

[119] 同上，pp.86-7。

概念，而在信仰自由與政教分離的說明上更有了另一層次的解析，以解釋戒嚴體制下台灣的政教關係發展情形。據此而來，統治當局所依循或制定的各類宗教政策也就具有這種宗教自由意涵，這是以政治為考量主體下的自由意涵。從〈監督寺廟條例〉及其所延伸下來的各式解釋、規定和行政命令，以及到 1969 年後當局幾次提出的宗教法草案，其內容盡是充斥著監督、管理和控制的說明條列，政治力的介入和行政權至上的範定是昭然若揭，「以政領教」的統治意味亦成了理所當然。

宗教政治化是此時期最為可見的統治手法，宗教團體被要求符合政府的政策及協助推行政令，從而介入與監控宗教活動。無法被監控及介入的宗教團體，統治當局亦將其政治化來認定該宗教有「政治問題」，以便運用政治手段來做政治上的處理。因此隨著時局的變遷，政教衝突的場景便時常地出現，從而也使得當局更擴大與加深宗教政治化的層面，結果政教關係的緊張性也被升高和擴散到其他宗教團體。

總之，統治謀略是當局在對待宗教議題上的一種設計與意欲，以便使其政教關係能夠符映進「以政領教」的統治模態當中。戒嚴時期，從對憲法上之「宗教自由」的解釋、相關宗教政策的訂定，以及宗教政治化的統治展現中，已然呈示了這種以政治為主體的謀略方式，並塑造了由上而下的政教主從關係。

四、強橫暴力

就統治的觀點言之，宗教政治化的目的在於進行收編那些可被當局掌握的宗教團體，同時又對某些不被當局所掌握的宗教團體實施制裁，因此宗教政治化是一把兩面刃，是統治者在政教關係發展之過程中所展現出來的強橫暴力。這種強橫性在台灣戒嚴體制的架構下是直接被體現於「以政領教」的統治謀略當中，一切均爲(三民)主義、國家意識的最高道德所籠罩，並以反共國策做爲總的發展和遵循目標。

基本上，統治當局對宗教團體的干涉係以戒嚴法及相關懲治法令做爲介入的依據，從而將黨務系統與情治、警務系統植入各宗教團體的活動和組織之中，來試圖在政教議題上形成一股嚴密的監控網絡。對於這種黨、情治警務系統就宗教事務的滲透狀況，瞿海源在經由一些相關資料的研究中，竟發現它們涉入宗教事務的情形之深，有些更扮演其事務幕後的主持者，「例如台灣光復三十年及四十年的紀念專書中，有關宗教事務都由國民黨社工會主任撰寫，政府的宗教事務會議，都由黨部派員指導，主持會議的官員也稱黨部爲上級。」[120]由此可知，統治當局是透過各

---

[120] 瞿海源，《氾濫與匱乏》（1988），p.393。

種政治支配系統以從事對宗教團體的強橫暴力，不管是收編亦或制裁，統治權力皆無情地在各宗教團體身上刻滿痕跡，而且這種痕跡向來都是深刻的，也是持續性的。

(一) 政治收編

國民政府遷台時期，相伴隨而來的一些大陸基督教會(包括天主教會)，由於與遷台當局有著相同的歷史經驗，以及統治高層有極大比例的基督教信仰，因此那些來台的基督教會都與統治當局保持著良好的政教關係，依查時傑所言，「其中上至當時的蔣中正總統夫婦，以及五院各部會首長，下至各級中下階層的官員之中，信徒的比例極高，這批官員信徒，有的是在大陸時期就接受洗禮加入教會，有的則是到了台灣以後方告加入的，信仰上既然列為同道，而在對國民政府的向心與支持上，也必然是一致的，同舟共濟，向心力強。」[121]此外，這些大陸來台的基督教會也因置身於一個新的陌生情境與語言差異的佈教場景，便勢必要趨向於統治當局來靠攏而獲取其發展上的保障，因此在一般的價值觀上，特別是政治取向的價值觀上，就必須要去配合當局的政治意向，並承受當局的收編。

林本炫指出，這些大陸來台的教會大都是屬於福音派

---

[121] 查時傑，〈四十年來的台灣基督教會〉，收錄於《基督教與台灣》(1996)，p.167。

教會,基本上他們在政治層面也都對統治當局採行順服的
態度,並隨其好惡起舞[122]。所以當政教關係在某一宗教團體
上緊張惡化的時候,這些教會就會加入對該宗教團體的嚴
厲聲討,以基督教長老教會所發表的政治宣言時期為例,
攻擊最厲的就是這些大陸來台的福音派教會,而攻擊的理
由盡是宗教干預政治、為匪利用、有政治陰謀等等說詞。
因此在當時的宗教立法上,福音派教會便是極力地配合政
府並支持此類規範宗教團體的法案,而此間福音報的黃約
翰也亦表示:「政府之訂定宗教法乃基於國家安全上的理
由。為防止中共的統戰陰謀,利用宗教從事政治活動。」[123]
可見,政治收編的雙向好處就在於此:政治馴服順從的宗
教,並且聯合或透過此一順從宗教來壓制不被馴服的宗教。

　　就長期存在台灣本土的基督教長老教會而言,初期亦
是與遷台的國民政府交好,當時長老教會北部大會便曾通
過幾項重要決議案,其中第一條決議案即是:

　　向蔣委員長致敬,向母會及祖國教會請安,團體致謝,
　　並向南部大會請安。[124]

這種親統治當局的示好動作顯現出了北部大會在政治

---

122 參見林本炫,《台灣的政教衝突》 (1994),pp.111-2。
123 引自陳玉梅,《台灣基督長老教會的政治參與》 (1995),p.82。
124 轉引自陳家倫,《台灣社會之宗教與政治關係之演變--一個宗教團體的
　　社會學分析》(1985),p.55。

立場上的附會和支持，以及也對當局的政策有著積極的表態，無怪乎長老會的黃武東牧師在其回憶錄中會直呼當時的「官方與教會關係尚好」，或許這是教會在統治政權替換初期時對當局的一種政治獻祭，亦或為謀求教會發展而被動承受當局的收編。

最明顯的政治收編實例即是「中國佛教會」的遷台發展。中國佛教會原本應是屬於一種民間社團性質的宗教組織，對於教徒參與與否並沒有強制性規定[125]，然在台灣戒嚴體制的架構下，以及統治當局有意的收編與控制，結果中國佛教會竟成了唯一被允許存在的全國性佛教組織，並且強制規定「只要是出家人就一定要加入中佛會，沒有例外；因此只要一出家便須在中佛會的傳戒系統受戒，同時也因此成了主其事者的戒弟子。」[126]

1949 年中國佛教會於台灣復會；1952 年該會進行改選並且在當局的默許下依照全國各省名額分配，從而迫使台省佛教菁英退出佛教會的權力核心；年底，中國佛教會成功地干預了在台南大仙寺所舉辦的傳戒活動，而於 1953 年將此傳戒權力收歸中佛會所有，同時開始規定和主掌每年

---

[125] 江燦騰曾直言指出，就中國佛教會的性質來講，假使沒有政治力介入的話，中國佛教會只能是屬於一種全國佛教的聯誼性組織，只是一種民間宗教團體，而其權利義務都是相對的，不會存有某一特別強大的支配力量。他也強調從民國以來類似像「中國佛教會」的這種組織，都沒有發生過對其參與會員有強力支配的職能，但是在 1949 年國民政府及中國佛教會遷台後，這種唯一支配性的組織狀態卻在政治力的干預下發生了。參見江燦騰，《台灣佛教百年史之研究：1895-1995》(1996)，pp.288-9。

[126] 江燦騰，《台灣佛教文化的新動向》 (1993)，p.158。

一次的傳戒活動。至此，經由對傳戒活動的掌控，中國佛教會焉然成了台灣佛教的代表與主導單位。然而，爲何傳戒活動能由中國佛教會破天荒的完全掌控呢？楊惠南在一次訪問白聖法師的機會中，聽到了白聖如此說：

> 台灣當時受了日本佛教數十年來的影響，把真正出家人的生活，變成了日本式的佛教生活。日本式的佛教，出家人可以有家庭，這是我們面臨的最大困擾……後來政府一再向我們表示，政府遷台以後，台灣各階層都改變了，唯獨我們佛教沒法改變……後來我們想到了傳戒，在戒壇上可以把出家的觀念灌輸到受戒人的心理……於是我繼續傳戒，第一次，第二次……這可以說是個轉捩點，也可以說是延續了中國傳統佛教的命脈。[127]

是故，楊惠南便因此認爲中國佛教會的傳戒活動係「乃受政府之要求而進行的」[128]。可見這種透過對中國佛教會的收編再進而對整體佛教的控制，才是統治當局的統治意欲。

對此，李丁讚在探討「宗教與殖民」的論述關係時即是試圖要說明一個殖民政權及其所跟隨而來的宗教，到底係以何種方式對本土宗教進行收編與併吞的。其中的一種

---

[127] 轉引自楊惠南，《當代佛教思想展望》(1991)，p.41，註 103。
[128] 楊惠南，同上。

方式即是運用武力與文化，他就以中國佛教會爲例子指出「武力是指強行收編，如中國佛教組『中國佛教會』，而且靠著戒嚴法的保護，成爲台灣地區唯一的全國性佛教組織，在這種情形下，台灣原來的各佛教團體，都只能隸屬其下，原來平行的關係就變成上下隸屬的階層關係了。」[129]而對文化的運用係爲「中國佛教派員到各地弘法，並主持大型法會等，把中國佛教和台灣佛教的關係位置改變成教育者與被教育者，啓蒙與被啓蒙者或老師與學生的關係。」[130]當然，從統治的觀點言之，當局所展現在中國佛教會的統治意欲，其武力已經由傳戒規定清楚地顯示出來，而文化便是需要透過各種宗教活動來將統治當局的意欲給播散出去。所以自 1953 年以後，中國佛教會成員便應當局的要求，紛紛下鄉到各地去宣傳政府政令與佛法，「於是在以後的數十年間，這些成員實際主導了台灣佛教的意識形態和發展的方向。」[131]

　　因此，政治收編又意謂著統治者是透過賦與權力和合法性來將宗教團體給適切地安置與定位，以使其能夠正當化地團結教徒來執行或符映當局的政策命令及舉發糾處那悖離統治規範者。中國佛教會即是扮演著這種角色與職能，

---

[129] 李丁讚，〈宗教與殖民：台灣佛教的變遷與轉型(1895-1995)〉，《中央研究院民族學研究所集刊》第 81 期(1996)，p.32。

[130] 同上，p.33。李丁讚更認爲，武力可讓殖民的宗教取得權力上的優位，而透過文化，該宗教更能取得知識及道德上的優位，屆時，統治的合法性方可形成。

[131] 江燦騰，《台灣佛教百年史之研究：1895-1995》(1996)，p.250。

譬如 1954 年所發生的「印順事件」，據說就是中國佛教會或與中國佛教會有關的人士所密告舉發[132]；又如 1964 年時，中國佛教會為使能更嚴密地監控僧侶信徒，便促使內政部接受其建議，實施「僧尼申請變更戶籍上職業登記時，應提憑有關出家之證明文件如戒牒或剃度證件，才予受理」[133]；1971 年當國家面臨中共擠壓而退出聯合國之際，中國佛教會甚至呼籲佛教徒要奮身參加反共復國聖戰[134]。由此可知，宗教團體的政治收編可使統治當局強化其統治的深度和範疇，不但相對減少了統治暴力的直接貫穿壓制，而且可能會絕對地達到被統治對象自動臣服的效果，即意識形態上的認同效果。

政治收編最直接的手法，就是將宗教團體的領導份子及其成員吸納為統治當局的屬群，而成為統治陣線的組成之一。像是在戒嚴時期，佛教界為配合當局的反共國策，其僧尼不論是出國訪問或接待外賓，目的皆以爭取國際友誼和抗衡中共在海外影響力，「而有幸擔任此種差使的僧侶，幾乎毫無例外地都屬黨員或幹部」[135]，且長期以來那些佛教界的領導人物，如白聖、星雲、悟明、東初、樂觀等都具備著執政黨員之身分，其中白聖、星雲及悟明等人更曾代表參與了國民黨的「十三全會」。所以，可見得此時

---

[132] 參見楊惠南，《當代佛教思想展望》(1991)，pp.28-9。
[133] 參見《跨世紀的悲歡歲月——走過台灣佛教五十年寫真》(1996)，p.123。
[134] 同上，p.160。
[135] 江燦騰，《台灣佛教百年史之研究：1895-1995》(1996)，p.249。

期佛教界與統治當局的政教關係，不但是互動非常良好，而且關係也非比尋常，此等關係可從兩個事例中看出，一個是在 1957 年章嘉大師圓寂於台北時，「蔣總統以『弘教牖民』額語，躬率文武官員，祭之以禮，崇敬之隆，唯唐之玄奘差堪比擬。」[136]另一個是解嚴後「白聖死亡時覆蓋的黨旗」[137]。這兩個事例已然說明佛教界與當局長期來之深沈的政教交集關係，以及政治收編的最佳宗教範例，彷彿在戒嚴體制下，此等關係打造出了一種缺一不可的共生體系。

長期以來，一貫道一直被統治當局視爲是非法宗教，打從國民政府遷台的次年起，即已研議要如何地處置它，隔年便開始進行取締，至此，一貫道陷入長達三十多年的禁制當中，直到 1987 年由數十位立法委員連署提案要求解除此禁令下，才取得合法的地位與認定。

一貫道從禁制到解禁，從被當局的誤解取締到後來逐漸地理解接受，其間盡是充滿著政治角力與色彩，而關鍵之處係在於它有否被統治當局所「掌握」。早期一貫道所秉持的教理是遠離世俗政治而致力於「天上之事」[138]，然這種離群結社集會的特質卻讓當局產生恐慌、不確定感，加上當局認定它有極濃厚的明、清時期之「秘密宗教」色彩，

---

[136] 釋東初，《東初老人全集(5)》 (1986)，p.654。
[137] 宋澤萊，《被背叛的佛陀》 (1993)，自立晚報文化出版社，序 p.4。
[138] 民國 60 年時，當時某管區警員在對一貫道守德佛堂的「秘密集會」取締行動過程中，也曾要求他們乾脆辦個集會申請，然守德佛堂卻將活動完全停止，其理由即是「我們辦的是天上的事，怎能讓世俗的法令來約束？」參見宋光宇，《天道鉤沉》 (1983)，作者自印，pp.4-5。

並從其教義中發現有著與白蓮教的傳承關係，因此一貫道又被統治當局拉回到世俗政治的場域上來，而認定它是深具著革命傾向的政治色彩，所以就把它視爲有「政治問題」來加以處理及對待。因此從當局遷台初始，即認定一貫道是一種反叛和迷信的「邪教」而非「宗教」，所以對該教的取締與制裁就非屬於迫害宗教。

關於當局對一貫道的政治收編，要從 1970 年代談起。誠如林本炫所言，「一貫道歷經民國 52 年及 60 年兩次大取締之後，已經在結社組織、信徒結構以及教義與儀式方面起了若干改變。」[139]也就是說，在 1971 年的取締後，一貫道開始改秘密集會爲公開聚會，從而將其宗教活動敞開於天光之下以免除當局的政治疑慮；另外，致力吸引專業知識份子的加入來調整信徒結構，以使得能在當局面前改善和提升其宗教形象；再來是開始興辦國學研究班，強化國學與中華文化之研究，從而符映當局的文化與道德統治意向。在一貫道經過這一系列內部結構的改變之後，統治當局也因此有所「掌握」而減緩了取締工作也縮小取締的範疇，但是一貫道爲當局所真正積極的收編，卻是導因於外部結構的轉變。當然，若非一貫道這種迎合當局的內部結構之轉型，縱使有著外部結構所營造出的大好形勢，一貫道的合法化之路勢必要走得更爲的長久。

所謂外部結構因素，也就是當時的國內政治情勢及黨

---

139 林本炫，《台灣的政教衝突》（1994），p.53。

第五章　台灣的政教關係：解嚴前　203

外勢力的抬頭，特別是選舉的激烈化所造成對統治當局的衝擊。在 1972 年及 1977 年的選舉中，當局的挫敗使它必須向外尋求票源的協助，而一貫道便是在這種情形下受到了當局的眼眸「關注」。在 1980 年、1981 年、1983 年及 1986 年的選舉中，一貫道皆扮演著相當關鍵性的角色，或許這也可以解釋為什麼黨外票源在 1980 年到 1986 年間會「緩慢成長」的原因，此期間，一貫道不但發動道親支持當局的候選人，而且更在選舉過程中支助與提供各種競選資源，包括義工、場地等，因此也無怪乎後來在立法院質詢時，一些立法委員就明確地指出一貫道是「堅決支持政府及執政黨」、「效忠國家領袖」[140] 等有益統治當局的宗教團體。

由此可知，一貫道的合法化過程係取決於政治上的理由，也就是說，一方面經由內部結構的改變以消除統治當局認定其有「政治問題」的疑慮，另一方面又透過外部結構的變異形勢來支持統治當局解決「政治處境」的難題。因此，一貫道所夾雜的這股龐大的政治資源，以及在政治立場上急於依附政權的性格，統治當局當然就必定會極力地收編它，例如當時在警備總部的一份報告上即顯露了這

---

[140] 參見瞿海源，《台灣宗教變遷的社會政治分析》(1997)，p.375。 事實上，在當時的一次由台北市黨部與大安區黨部所主辦，而集合台北市一貫道領導階層的座談會中，其間一貫道的領導前人們即曾共同地強調一貫道本身對政治沒有興趣，而且也不會推派代表出來競選，他們將永遠扮演一個抬轎的角色。另外，他們對助選的對象立下三項條件，而其中第一項即是「必須是中國國民黨提名的候選人」。參見周榮杰，〈台灣的宗教與選舉〉，《台灣風物》43:1(1993)，p.56-7。

般意圖，報告上指出：

> 不久前，中央某專案小組曾邀請有關單位，對一貫道
> 問題做過專題研討，會中眾說紛紜，主張不一。大致
> 負責治安的單位都主張轉化運用，認為目前國家處於
> 內憂外患之時，如能爭取一分向心，也就是減少一分
> 阻力。況目前一貫道除近迷信外，尚無政治上任何不
> 利傾向，如能善加輔導，變阻力為助力，就增加了一
> 分反共力量。[141]

　　所以一貫道既沒有政治問題(除近迷信外)，同時又可為
政治利用（反共力量)，當然合法性地位的獲取就已指日可
待。 1980 年代初期的一貫道便恍若是具備了一種不言而喻
的半合法性地位，即是已被當局所承認但尚未正式登記的
「宗教」，因此當 1981 年中國佛教會試圖計畫攻擊一貫道
時，當局之中央黨部社工會便極力地制止中國佛教會，並
且明白「宣布以前取締一貫道的命令已經撤銷，今日一貫
道已非法律上的非法教派，只是一個尚未向內政部立案的
民間宗教而已。」[142]至此，一貫道要掛上合法的宗教面貌，
政治氣候似乎已然成形。
　　宋光宇在對一貫道的仔細考察後，認為它不但不是一

---

[141] 何穎怡、胡遜，〈細說一貫道〉，《中央月刊》第 145 期(1980)，p.220。.
[142] 宋光宇，《天道鉤沉》 (1983)，p.34。

種危害社會的「邪教」，反而應是一股安定社會的力量，他以其實際參與經驗說道：「他們(指一貫道信眾)在談道統的時候，除了自己教內的傳承系統外，也常強調堯、舜、禹、湯……孔子這一道統，經由國父和先總統而傳至今日的國家元首蔣經國先生。無論是公開或私下的場合，總是特別強調當今台灣的輝煌成就，感謝先總統 蔣公的德澤。」[143]可見得一貫道是如此極端的保守懷舊與親政府之教派，而不是一種反政府的邪教，楊惠南甚至曾用「極右派」一詞來稱呼它[144]。因此，只要當局對一貫道的政治疑慮一解除，「政治收編」也就瞬時取代了以往的「權力制裁」。

(二) 權力制裁

權力制裁是統治當局作用於有「政治問題」之宗教團體身上的最直接體現，只要宗教被扣上有政治目的，且被當局視作是一個「問題」，而對該「問題」的解決即是此權力制裁的任務之一。這是統治的強橫性，因為權力制裁指向了那些未能被當局所「掌握」的宗教陰暗地帶，並挾其威赫之劍來將此陰暗地帶給排除或揭開。

就佛教而言， 1949 年秋由於時局的混亂，一批來台的大陸籍僧侶在慈航法師的帶領下流浪於新竹一帶，由於

---

[143] 同上，p.41。
[144] 楊惠南，〈一貫道與佛教〉，《當代》第 11 期(1987)，p.59。

龐大僧團同行相當地引人注目以及匪諜滲透的傳言盛行，再加上新竹警局於市街電線桿上發現章張貼著反動標語，於是當時的台灣省主席兼警備總司令陳誠將軍即下令逮捕大批在台流浪的大陸僧侶，慈航法師等人因而以「無業遊民」的罪嫌入獄[145]，然實際上這些僧侶的被捕均係為「政治問題」之理由。

　　1954 年，印順法師被檢舉他於 1949 年所寫的《佛法概論》有「為共產黨鋪路」的嫌疑，原因出於此書中所提到的「北拘盧洲」且言「北拘羅三州為福地，無家庭組織，故無我我所，無守護者。無男女之互相佔有，無經濟之彼此私有。」[146]結果被認為有嚮慕匪區的政治影射。當時在當局中央黨部的一份對內刊物上即報導說：「印順所著《佛法概論》，內容歪曲佛教意義，隱含共匪宣傳毒素，希各方嚴加注意取締。」[147]在當時情境的迫使下，印順也不得不低頭承認自己的缺失，並且在一些黨政官員的護持下，截至 1957 年才停止這場政治誣陷風波。但是一直以來印順都不認為他對「北拘盧洲」的陳述是有問題的，他說：

　　佛法概論……是民國 33 年在四川的講稿……還受到(太)虛大師的獎金……拘盧即今印度的首都德里，為古代

---

145 參見江燦騰，《台灣佛教百年史之研究：1895-1995》(1996)，p.278。江燦騰即說，將「無業遊民」的罪名冠在僧侶身上，對他們來說簡直是「奇恥大辱」，因此當時也造成不少的來台僧侶轉業或還俗。
146 轉引自宋澤萊，《被背叛的佛陀》 (1993)，p.52。

婆羅門教的中心。北拘盧就是上拘盧……我畫了一幅
地圖，北拘盧泛指西藏高原。當時抗戰時期……西藏
也還沒陷落，能說我所說的北拘盧州(福地)，隱隱然的
指共產區而說嗎？[148]

可見對印順的誣告，並非為相關佛教義理的爭辯，而
毋寧是一場「政治迫害」。

然最嚴重的政治迫害，應屬於 1955 年的「高執德事件」。
高執德亦是當時台南開元寺的住持證光法師，其被誣陷的
緣由係為 1948 年他接待過訪台的大陸僧人巨贊，該僧人在
1949 年於匪區奉共產黨之命成為大陸佛教領袖之一，高執
德便因此受牽累而被捕並遭槍決[149]。可見得那是一個人人
自危的時代，政治黑函、誣告的情形已跨出時間的界限，
像印順、高執德等之遷台前的事蹟竟然到遷台後遭清算，
無怪乎這種權力制裁的強橫手段，在統治當局將其無限放
大的情況下也能達到一定的統治功效，這是一種恐怖懲治
與示戒的統治景象。

基本上，佛教界所發生的這些權力制裁事件皆屬個案，
因為戒嚴時期唯一佛教組織的中國佛教會早已註定了被收
編的命運，即使到了美麗島事件(1979)前後尚有「台東市的
『海山寺』一位住持和尚被國民黨特務控以叛亂罪而被捕

---

[147] 參見楊惠南，《當代佛教思想展望》(1991)，p.28。
[148] 轉引自宋澤萊，《被背叛的佛陀》 (1993)，p.53。
[149] 參見江燦騰，《台灣佛教百年史之研究：1895-1995》(1996)，pp.248-50。

下獄」[150]之個案事件發生，然對佛教界而言，尚未存在整體性的宗教迫害，所以此間之「政教關係」在承受政治受編的情況下亦也保持和諧的狀態。但是一貫道的情形便極不相同，早期它就已被當局視為「邪教」且有政治問題而賦予它一「非法宗教」或甚至是「非宗教」的指稱，因此「權力制裁」在它身上盡是默然承受而被畫滿痕跡，但是政教關係的衝突性也不存在此地，因為當局的權力制裁並沒有遇到一貫道的權力回擊。

早從 1950 年起，當局即認定一貫道有迷信及危害社會治安之虞，而至隔年即依〈查禁民間不良習俗辦法〉將其判定為「邪教」，並予以取締[151]。1958 年又再度下令取締，接下來的 1959 年至 1961 年間也都有著關於查禁一貫道的新聞報導[152]，1963 年 3 月有鄭邦卿等人在報端刊載聲明強調一貫道絕非外界傳言那樣邪惡，5 月警備總部發言人王超凡即嚴厲譴責「一貫道已遭查禁有案，卻仍從事非法活動，且於報端刊登廣告、頌揚邪教、藐視政令」，並隨之通令各地治安機關，即日起「嚴予取締」[153]。從此，各地的一貫道道堂便紛紛地傳出受到當局權力制裁的消息，直到 1982 年還有某道堂女性主持人及其聽道信徒被取締的消息傳

---

[150] 董芳苑，《宗教與文化》(1995)，p.52。

[151] 參見高泉錫，〈宏揚儒家倫理道德、達成天人合一──一貫道的起源與精神〉，《中央月刊》第 20 卷第 2 期(1987)，p.45。

[152] 參見宋光宇，《天道鉤沉》(1983)，p.11，表一「歷年有關一貫道新聞報導統計表」。

[153] 參見林本炫，《台灣的政教衝突》(1994)，p.18。

出。

那麼到底一貫道是因何種理由被當局所取締呢？ 是否
僅只是上述所言之迷信及危害社會治安的「邪教」因素呢？
宋光宇就整理了當局在 1963 年宣佈的取締理由和 1971 年
印在一本名爲《爲什麼要查禁一貫道》之小冊子中的理由，
以及歸納從 1959 年至 1982 年報端刊載的 118 件取締案例
之理由，底下就這三方理由分別地陳列：[154]

1963 年宣布取締一貫道的理由
1. 一貫道是白蓮教餘緒。
2. 利用民間迷信心理，故弄神秘，以各種詭密手段來逃
   避取締，掩護組織發展。
3. 一貫道對信徒控制甚嚴，賭咒爲誓，造成恐怖控制。
4. 一貫道干預政治，利用傳道拉票，操縱選舉。
5. 一貫道宣傳反戰，攻訐政府，更與香港、日本一貫道
   密切連繫，日本之一貫道組織即曾有共嫌份子滲入，
   大陸陷共前，共諜曾利用一貫道從事陰謀活動，故該
   道極有可能爲共黨所利用。

**1971 年警備總部所印發《爲什麼要查禁一貫道》之小冊子
中的理由**
1. 妖言惑眾，腐蝕群眾心理。
2. 作奸犯科，從事不法行爲。

---

[154] 參見宋光宇，《天道鉤沉》 (1983)，pp.12-3。

3.操縱教徒，干擾地方選舉。

4.邪行詭異，敗壞善良風俗。

5.爲共黨利用，掩護統戰活動。

1959 年至 1982 年報端刊載的 118 件取締案例中歸納之理由

1.匪諜嫌疑：2 件。

2.宣傳反戰及愚民：2 件。

3.呼籲停工減產：1 件。

4.妖言恐嚇：4 件。

5.宣揚三期末劫：5 件。

6.裸體崇拜：9 件。

7.姦淫：2 件。

8.詐財：17 件。

9.家庭失和：15 件。

10.信教後導致精神異常：3 件。

11.稱王稱帝：1 件。

12.離群所居行動怪異：18 件。

13.吃素導致營養不良：9 件。

14.未經事先報備私下秘密集會：81 件。

　　分析上述之理由，一貫道被取締的因素除了迷信與危害社會治安外，「政治問題」之因素似乎才是統治當局取締的主要藉口。譬如從 1963 年、1971 年之當局宣佈的取締理由觀之，像是「白蓮教餘緒」、「干預政治、操縱選舉」、「爲共黨所利用」、「掩護統戰活動」等，這種「政治問

題」之嫌疑幾乎佔了取締理由的一半；又從 1959 年至 1982 年之新聞報端的取締案例中觀之，其中「未經事先報備私下秘密集會」和「離群所居行動怪異」的取締理由竟在 118 件案例中佔了 99 件，接近 85%的比例，這也就是說，不爲當局所「掌握」是一貫道被取締的主要理由，而這亦是戒嚴時期一貫道所犯上當局的統治大忌，所以依然是屬於「政治問題」的取締因素。

因此宗教團體之「政治問題」是當局權力制裁的主要課題，在一貫道中最明顯也是最轟動的例子就是 1977 年的查禁行動，當時治安單位逮捕了台南寶光組領導前人王壽，並以「叛亂罪」嫌疑移送給軍法單位偵辦，而在戒嚴時期，叛亂罪是非常嚴重的罪行，所以當局對於王壽的這種指控，其權力制裁係非同小可。在當時的報紙報導中指稱，調查局接獲密報說王壽涉嫌「對外僞稱是『佛祖投胎轉世』，發展組織，妄想『稱王稱帝』」並且「凡是參加一貫道者，將來即可封官厚爵，享受特權」[155]。後來儘管罪證不足，但王壽仍然被判了三年的感化教育，可見統治當局在其政治立場上的強橫暴力性，不論受懲治對象如何地自我辯護，「權力制裁」的框架早已套進在他的未來歷史中。

統治當局與一貫道的政教關係，基本上還未構成所謂「政教衝突」的局面，因爲衝突的發生必須要有兩造間的權力撞擊，也就是主要在於宗教團體的權力挑戰，然一貫

---

[155] 轉引自林本炫，《台灣的政教衝突》 (1994)，pp.21-2。

道的發展卻是朝向尋求當局認同的「政治收編」靠攏，因此與當局的關係一直是屬於「政教和諧」的範疇。所以，「政教衝突」的發生應以基督教長老教會和統治當局的關係轉變為起始點，特別是在 1969 年前後因「普世教協」一案所形成的政教緊張性，而長老教會在 1970 年代開始的幾次「政治性」建言，更成為「政教衝突」的實質議題，隨之當局的權力制裁，也在「政教衝突」的場景中激化開來。

　　誠如瞿海源所言，台灣基督教長老教會向來都不曾為當局所完全「掌握」[156]，也許在國民政府遷台初期，其北部大會或偶有附會當局的情形發生，但是南部大會以及後來的總會卻一直是具有相當自主性格的傾向，而與當局「保持距離」。也或許如此，當 1963 年長老教會試圖聯合台灣幾個教會來籌組「台灣基督教聯誼會」時，即遭當局的百般阻撓，那時當局的內政部民政司就搶先成立「中華基督教協進會」，並且施加壓力來迫使各基督教會加入，從而導致「台灣基督教聯誼會」的架空與停擺[157]。由此可知，統治當局在無法「掌握」宗教團體時，便乾脆將其排擠與封鎖，更何況長老教會之「台灣基督教聯誼會」的籌組在當局看來即有勢力坐大之虞，是必定無法見容於此時此地。

　　1969 年前後由於國際情勢的緊繃，長老教會在一股政教聯合勢力的逼迫下退出了「普世教協」。 1971 年間，

---

[156] 參見瞿海源，《台灣宗教變遷的社會政治分析》(1997)，p.375。

[157] 參見黃武東，《黃武東回憶錄：台灣長老教會發展史》 (1988)，pp.285-6。

另一個擁有國內多數基督教會加入的國際基督教組織「萬國教聯」，於 5 月和 10 月分別在美國舉辦了兩次(第三次、第四次)「華府反共勝利大遊行」以反對中華民國被排除出聯合國[158]；同年 11 月，國內佛教團體也極力呼籲教徒們要奮身參加反共復國聖戰。然而，在宗教界一片反共和愛國甚囂塵上的時刻，長老教會卻採行了另一種關懷「國是」的方式，也就是在該年 12 月對當局提出〈國是聲明與建議〉一文，而該文中除了表達對國際親共勢力的譴責外，更強調台灣本身要「徹底革新內政」和主張「中央民意代表的全面改選」等。結果，此項聲明引發了當局的政治關注，並直指長老教會有干涉政治的意圖，儘管當時長老教會總幹事高俊明宣稱「此種聲明並非政治性的，而是一種信仰的告白」，但是在其他宗教一致口徑「對外」的狀況底下，長老教會的「對內」改造之喊話確實也引來了一系列政教聯手的討伐。

1975 年初，當局動用治安單位前後在泰雅族的山地教會以及台北的聖經公會，以「使用台語聖經乃牴觸政府國語推行政策」為由，查扣與沒收「非」國語的聖經；而在該年 11 月長老教會再度發表〈我們的呼籲〉一文，其間就有強烈指責當局的取締台語聖經事件，係已違背了憲法中「宗教信仰自由」之基本精神。1977 年 8 月，長老教會又提出更為激進的〈人權宣言〉一文，不但強調台灣住民

---

[158] 參見成文秀，《護教反共叢談》 (1982)，pp.248-9。

自決，而且主張要促請政府「使台灣成爲一個新而獨立的國家」[159]，結果據台灣教會公報的報導，該月份起即「開始發生郵遞後大批失落，訂戶收不到該刊的情形」[160]。

其實，依長老教會總會十六屆通常年會議事錄所載，早在 1967 年時教會公報就曾發生過幾期的失落，當教會人員對郵局追究原因時，得到的回答卻是當局通令「使用羅馬字拼音符號出版書刊者，應一律查禁」[161]，然當時因長老教會與統治當局間的關係尚未轉變和惡化，所以雙方權力間的衝擊也就不明顯。但是自長老教會發表了三次的「政治性」建言後，政教衝突即告全面性地展開，一方面是長老教會靠向政治反對勢力，結果其高俊明因 1979 年「美麗島事件」之藏匿嫌犯罪名而入獄，另一方面則是統治當局爲能擴大全面性的宗教控制，也於該年試圖提出宗教法以利當局進行權力制裁。1983 年當局又再次提出宗教法草案來試圖抑制長老教會，雖仍未通過，但是至此後直到解嚴前當局對長老教會的強橫暴力均不曾停歇。

譬如 1984 年的一份教育局函內政部的公文中即說：「山地鄉及偏遠地區教會使用方言及羅馬拼音字傳教，情形嚴重，勢力猖獗，不可等閒視之，且部分人士，居心叵測，必須有效制止，並予以勸導，並應力求傳教士使用國語傳

---

[159] 關於長老教會的三次「建言」內容，參見《台灣基督長老教會總會社會關懷文獻：1971-1992》 (1992)，pp.3-14。

[160] 參見陳家倫，《台灣社會之宗教與政治關係之演變——一個宗教團體的社會學分析》(1985)，p.93。

教，以免妨礙國語文教育之推行」； 1985 年又再度發生教會公報郵寄失落，而長老教會曾致函郵局抗議但未獲滿意答覆； 1986 年 3 月，長老教會一再接獲各地方教會傳來消息，指出當局曾派員到教會要求提供教會名冊、財源、教會活動、組織、及傳道動機等資料；同年 4 月，一份由台灣基督長老教會青年事工委員會及大專事工委員會合辦的《使者》 雜誌，被當局認定有「混淆視聽足以影響民心士氣」及「挑撥政府與人民情感」的意涵，而以違反 〈台灣戒嚴時期出版物管制辦法〉中之規定查禁[162]。

總之，在長時期的「政教衝突」下，長老教會鑑於其濃厚的台灣本土性格，而逐漸地朝向一種「鄉土神學」般的救贖宗教發展，該「鄉土神學」所強調的是台灣俗語中的「出頭天」意識，其「『出頭天』用在政治上的主旨，一般都和台灣人民受殖民的歷史經驗密切結合，用以表現掙脫壓迫、苦難的企盼，或宣告台灣人當家做主的決心。」[163]所以在長老教會的幾次「建言」中都可以看得出來這種「出頭天」意識的政治意涵。由此可知，對「出頭天」意識之訴求是長老教會的未來願景，然同時也顯明了長老教會在長期受壓抑情況下所急欲「出頭」的期盼，特別是它把自己視為是台灣的原屬民，而統治當局則是外來的殖民政權，它與當局的關係是一種被殖民與殖民關係，於是「鄉土神

---

[161] 參見陳玉梅，《台灣基督長老教會的政治參與》 (1995)，p.67。
[162] 參見林本炫，《台灣的政教衝突》 (1994)，pp.106-7。
[163] 黃伯和，《奔向出頭天的子民》 (1991)，稻香出版社，p.39。

學」就在如此的意義下被長老教會建構出來，以台灣這塊鄉土對照到聖經上所載上帝應許亞伯拉罕後裔的那一塊土地，因此這種神學建構，就如同陳家倫所言，是一個「宗教政治學」之建構[164]，是把宗教實踐與政治實踐結合於一起。

通常在一種壓抑關係中，受壓抑一方如果是長期的被壓迫而且是沒有和解之可能時，則其原本所持有之理念與對世界的認知便會產生極大的改變。或許長老教會就是處於此類壓抑關係中，才能形塑其「出頭天」意識和建構出「鄉土神學」來，可見，當局的權力制裁所體現在長老教會上的，是如此的深刻與動盪，而且也是如此的具有刺激性效應，最後也導致「政教衝突」被推向高潮。

在台灣的政教關係中，同屬「政教衝突」模態的尚有統一教會與新約教會等等在戒嚴時期一直不被當局認可的新興基督教派。簡略地講，在當年查禁的過程中，統一教會被當局認為它乃是一種「以性為中心」的邪教信仰，當時(1975 年 2 月)的一些報紙社論中也指出，統一教的信仰主張是要人們「犧牲包括家庭、學校、和國家在內的一切，就是對國家的法律構成了嚴重的挑戰；而其男女混雜一室，男的自稱『亞當』，女的自稱『夏娃』，並以超越男女應有界限為表現虔誠方式等，就顯然違反了善良風俗……」[165]，

---

[164] 陳家倫，《台灣社會之宗教與政治關係之演變──一個宗教團體的社會學分析》(1985)，p.85。

[165] 轉引自黃獻榮，〈論宗教自由〉，《中山學術論叢》第 7 期 (1987)，台灣大學三民主義研究所印行，p.196。

可見當局在對統一教的「邪教」形塑，與一貫道的裸體崇拜指控有著異體同工之妙。統一教另一個被指控的信仰主張，就是文鮮明所著之《原理講論》一書中存有著嚴重的「政治問題」，譬如該書所提到的「共生共榮共義主義」一詞就引起當局的許多政治疑慮，所以亦依當時的報載指稱「文某所著《原理講論》一書，雖自謂以近代科學知識解釋基督深奧教義，但其對於人類社會發展的觀點，所謂自民族社會、封建社會、帝國主義社會以至於社會主義社會，卻又與馬克思歷史唯物主義相符……」[166]這種對書籍內容之「政治問題」指控，又與印順的《佛法概論》事件不謀而和。

因此，宗教團體的「政治問題」一直是統治當局施以權力制裁的主要藉口，儘管統一教在其教理中宣稱「統一原理的目標是神和人的終極理想即爲實現地上天國」並且「以神的愛爲基礎的真理體系來成就相似於神的人格之教理」[167]，但是在統治當局的認定上，這種實現「地上天國」理想就不但具有「政治意圖」而且也悖離了「掌握」。

新約教會亦是因不爲當局所「掌握」而被權力制裁的一個宗教實例。早些年(1963 年)洪三期即欲尋求一塊「符合神意」的土地來實現聖經所載的地上天國，他在高雄甲

---

[166] 轉引自林本炫，〈國家、宗教與社會控制：宗教壓迫論述的分析〉，《思與言》第 34 卷第 2 期(1996)，p.43。

[167] 參見《開拓世界的統一教會》，時間不詳，世界基督教統一神靈協會印行，p.15。

仙鄉的俗稱雙連崛之地找到了所謂聖經中的「錫安山」，因此就集結教從來齊同開墾和定居。新約教會的這種離群索居以及超脫當局掌握的情形，後來就被當局以妨礙治安與國家安全爲理由，來嚴禁新約教徒們入山朝聖，結果導致了該教會與政府長達十年的政教衝突。

國安局就曾於 1980 年對新約教會展開「清岳專案」，試圖透過各種權力制裁手段將其教徒驅逐出錫安山，「1980 年元月一日，高雄縣警察局派人上山將洪三期等人『請』下山來，使用的法令是：『承租土地不自爲耕作，私自讓由他人開墾，應自即日起終止租約，交還土地。』接著，其他信徒也陸續地被趕下來，理由則是『虛報戶籍』。到了 4 月，所有的人都不能『合法』居住在山上了。」[168]由此可見，當局係以透過強制的政治權力將新約教徒強硬的趕下山來，這種高於宗教教理之「政治至上」的統治合理性，展示出了統治當局的強橫暴力，也宣告了戒嚴時期「以政領教」的政教關係。

一言以敝之，「政治收編」與「權力制裁」同時構造了統治的強橫性，也就是說，在「以政領教」架構下之政治對順從宗教的納編，以及對無法掌握或有政治問題的宗教進行討伐。當然，收編旨在擴大統治的基礎，而制裁是在削減統治的不安定因素，所以統治的強橫性就展現於

---

[168] 彭菲，〈神示與先知──一個宗教團體的研究〉，收錄於瞿海源，《台灣宗教變遷的社會政治分析》(1997)，附錄二，p.690。

此：不論是何種宗教團體皆不許越位於政治或與政治脫離關係，因爲「越位」即會明顯地傷害政治，而「脫離」又是一種對政治的可能潛在傷害。所以，宗教團體必須一直被政治權力來畫滿痕跡，不管是畫上正字標誌或被刻以排除的印記，這種「以政領教」的政教關係，在戒嚴時期是被當局做爲使能夠持續經營國政的一項統治命題。也許統治本身即是一種強橫暴力，然這種強橫暴力在此時期卻是可經由各宗教團體身上來展露無遺。

第六章

台灣的政教關係：解嚴後

一、主體道德性

　　自從 1970 年代一系列外交窘境後，國內改革的聲浪一波波地被推起，而在 1980 年代初期，反對運動逐漸地成熟並展現其政治抗衡的實力，再加上經濟蓬勃地發展，其貿易擴張亦促使了政治禁忌和限制的鬆綁，於是在這一切大環境影響的使然下，政治與社會的多元化景象已粗略地被銘刻就緒，待 1987 年解嚴之後，這種多元景象便開始在台灣這塊土地上發酵且快速的在各個場域中擴散起來。

　　三民主義做為統治道德性的根源係是戒嚴時期特殊政治情境下的必然形塑，然在進入多元化傾向的政治圖像中，它卻已逐漸失去了長期以來那般絕對性的一元象徵意涵，不只是與當下社會顯得格格不入，而且也常成為被抨擊的標靶。這種情況就如同當時傅偉勳所言：「在台灣，由於四十年來執政黨一味強化孫中山思想、國父遺教或三民主義的政治意識形態，且未及時配合新時代潮流謀求孫中山思想的『批判的繼承與創造的發展』，政治口號取代了啟蒙教育。因此，這幾年來台灣社會的(政治)民主自由化與(思想上)多元開放化的大趨勢一旦形成；一成不改、墨守成規(而非原先極具啟迪性意義)的孫中山思想就開始

逐漸失其穩固的地盤了。」[1]另外，葛永光也指出：「近年來台灣社會變遷快速，在一個快速政治、經濟變遷的社會中，三民主義不但對現實環境的發展喪失了解釋的功能，而且，因為缺乏有系統的且學術性的實證研究，三民主義對政治、社會發展的指導功能亦日趨勢微。」[2]

由此可知，當面對多元化型態的政治社會基底，三民主義做為國家統治之道德性來源不再係屬唯一，充其量只是當代台灣社會諸多道德價值的競爭者之一，更甚者，它甚至淪為弱勢的道德價值之一環。譬如執掌學術牛耳的中央研究院，其三民主義研究所即已改為中山人文社會科學研究所，而研究取向也不再以三民主義為主，此外在一些大學中的三民主義研究所也相繼跟著改名[3]；就學院的課程規劃來說，大學裡的國父思想課程已由公民教育等相關課程所逐漸取代，並且近年來由於對大學聯考之三民主義一科是否廢考所引發的爭議，當局也於 1999 年 3 月通過下學年將廢考該科一案。所以，做為統治道德性的根源來說，三民主義確實是已勢微了，並且也已成為當代多元價值的競爭者之一。

打從黨外勢力的凝聚組黨以及戒嚴令的解除起，執

---

[1] 傅偉勳，〈孫中山思想學術研究改進暨發展課題試論〉，《中山學術論叢》第十期(1992)，p.29。

[2] 葛永光，《政治變遷與發展》(1992)，幼獅文化事業公司，pp.257-8。

[3] 像是政治大學三民主義研究所就已改為中山人文社會科學研究所，其他如台灣大學的三民主義研究所也已改名為「國家發展研究所」，以符合其當前與未來的發展取向。

政當局已從所謂「支配型政黨」逐漸轉化為「競爭型政黨」[4]，這是現代政黨政治的表現模態，而其競爭的勝負係取決於民意的認同度上。對此胡佛即曾表明，「現代化的政黨應將基礎建築在民意上，失去人民信任的，即不能執政。」[5]這意指著現代統治的合法性，是來自於是否具有多數民意的代表性，也就是說，是否能夠充分地代表民眾來「發聲」。所以，可見得從 1987 年的解嚴與取消黨禁，1988 年解除報禁，以及至 1991 正式宣告終止動員戡亂時期以降，台灣民主政治的列車已慢慢開啟，市民社會的力量也逐漸抬頭，特別是 1988 年李登輝正式繼任為總統後，一種以本省菁英為主體的統治結構，在往後的十年間相繼地由黨、政、軍系統中展露出來，這是政治本土化的呈現，而所謂「台灣主體意識」至此也被確立了下來[6]。

　　就政教關係而言，由於三民主義不再是統治之唯一的道德根源，所以亦不再成為其他道德(如宗教道德)的指導位階，因此解嚴後的政教關係就不是呈現著「以政領教」的統治模態，取而代之的，是一種「政教互為主體」的關係被浮現出來。這是宗教相對於政治而所獲具一項自主性格的展現，宗教在此政教關係上也取得了發言權。是故，在多元化政治與社會的衝擊下，統治道德性已無法再如戒嚴時期那般的定於一尊(即三民主義)，現在，道德性是體

---

[4] 參見葛永光，《政治變遷與發展》(1992)，p.285。
[5] 胡佛，《方法與理論》(1998)，三民書局，p.307。
[6] 參見胡佛，《政治變遷與民主化》(1998)，三民書局，pp.30-2。

現在多元主體的情境中，也就是說，統治道德性已散置於各個主體內，每一個主體均有著自身道德的生產或界定機制且亦能夠向外展示自己的道德性，道德性並非來自於外部的侵吞，它是來自於自己、來自於主體，而這就是主體道德性的展現。

所以，宗教的道德性不再受制於或來自於政治道德，宗教本身即是道德的發散域，它也提供其信眾生命意義的信仰價值，而成為在多元化的道德圖象中所被陳列的一種選擇。

道德的多元化最容易體現在政教關係上的，即是一種恍如「諸神之爭」的道德抗衡，而這種抗衡現象在解嚴後的台灣社會如雨後春筍般地於各個社會及政治議題或層面裡相激盪，然這種抗衡關係不是像戒嚴時期的那般「上對下」或「下對上」的層級性對抗，而是一場平行的交戰關係，一場互為主體的道德之戰。此外，道德的多元化也體現著國家統治的細微性，解嚴前之單一且絕對性的三民主義政治道德即屬於一項普化道德，該道德表現在民眾的日常生活上就顯得極為鬆散，它的泛政治象徵亦反而使其疏離了現實生活，它只留下了記憶(倘若有人記起)；然而，散置於各處的主體道德性卻是對其信者擁有嚴密的連帶架構，就宗教言之，情感連帶的信仰皈依是可能貫穿到信眾的日常生活，並且是終其一生的孜孜跟隨。所以，道德的多元化將會產生道德間的散置抗衡，以及形成道德的日常化來使之實踐於人的生活中，這是國家統治的細微性顯

現，是經由道德多元化來達到一種擴散且深入性的道德貫徹，且避免國家產生挑釁「單一道德」標靶所造成的直接性危機，因為政治層面已非能同國家等量齊觀，當下的政治亦淪為道德多元化的一環。

因此，解嚴後展現在台灣的政教關係即是指向一種政治與宗教互為主體的相對模態，政治的道德性已回歸政治而宗教也有其主體道德性呈現。在此，不管是政教衝突亦或是政教和諧，其雙方間之強制關係已漸由自主關係所取代，並且各自依據自身的主體道德來朝向對方。

二、戰術

解嚴前，由於執政當局的一元化管理方式，再加上台灣特殊的政治境況，一種總體性的統治謀略被自然而然地發展出來，這是以全範疇之統治宣稱而來的由上至下的權力貫徹，是為達成所謂國家總體目標(即反共目標)而來的政策宣示。所以，謀略所展現的即是一種整全性的規劃方案，進而試圖透過這般全方位的大趨向來作為其政策施行的指導，然這種整全性的規劃方案畢竟是那種在一元化管理方式下所發展出來的統治產物，當它在面臨解嚴後的多元世界呈現之場景時，便逐漸失去了它的發展依據及效用性。

所以，在多元化政治情境下，對於統治政策的探討

就可能要以另一種角度來思考，也就是以地區性(local)之「戰術」概念來替代總體性的「謀略」指稱，因爲「戰術」所側重的係在於個別議題或事件之時間與空間的緊迫性上，它以著重各項作戰細節來形塑出其統治的主體，亦即統治的主體係爲加諸在該議題或事件上的一系列權力角逐下的建構成形，所以統治不再只是一種由上而下的施爲方式，它更可能是個由下而上或互爲激盪下的權力形塑，因此統治即在各項議題或事件上所表現一種抗衡、妥協與收編之脈動中來消解那政治衝擊所可能產生的激化，或者更甚而是以「體制化」的權力共謀與收編來達到一項統治合理性的宣稱要求。這點是非常重要的，因爲在多元化的政治情境底下，早已不再存有那絕對性的一元化機制，而既然沒有任何政治權力係屬絕對，那麼權力的抗衡必然會在各地方發生，也因此「戰術」的運用在解嚴後的台灣社會及政治場景中，就成爲統治所必須要採取的持續經營之手段，並且也扮演著連結統治道德性與其權力貫徹之合法性的中介角色。

　　然而，在政治層面上所呈現出的這般多元景象外，宗教層面是否也會有著多元的展現呢？而其統治當局在宗教政策或法規的制定上，亦是否會有著不同的著力面貌及對可能發生之權力抗衡的諸多考量呢？底下，本文即以解嚴後之宗教法規的變異、民意歸向的政策逆轉、以及宗教多元化的政策趨勢等角度之切入，而來探索台灣政教關係在統治戰術上的表現模態。

(一) 宗教法規的變異

　　儘管〈監督寺廟條例〉依然是解嚴後所唯一明文的宗教法規之遵循母法，但是就其相關的行政命令及各式規定卻已逐漸地展現出不同於以往的執行原則。譬如以是否向國旗敬禮爲例，過去在「違警罰法」中第 58 條第 1 款所強調的「升降國旗，經指示而不靜立致敬者」係爲妨害安寧秩序的狀況，在目前現行的「社會秩序維護法」中已不復存在；另外，內政部於 1991 年 10 月 16 日所發之臺(80)內民字第 800277 號函覆中的第二項指出：「寺廟依其實際需要，得分設各該內涵組織(如信徒大會、執事會、委員會⋯⋯等)，並按其傳統慣例及組織型態規定於各該寺廟組織章程中，分別行使其職權，則信徒大會之地位自未必爲寺院最高機構。」於是，原本那種以信徒大會爲寺院最高機構之強制規定被取消了，而依此新規定所言，若非組織章程中有所規定，則信徒大會不一定就是寺院最高的權力機構[7]。

---

[7] 吳堯峰，《宗教法規十講》(1996)，p.233。另一方面，就關於信仰與兵役制度的衝突問題也在近期來開始有轉圜餘地。譬如耶和華見證人自 1950 年傳入台灣後，其教徒便經常有因拒服兵役而入獄的情形發生，特別是在 1973 年至 1975 年間的台東與花蓮兩地就有 76 件之多，甚至到了前些年之案例如八十一世判字第二五號、八十三世判字第十九號軍事判決等，都還在重演著這些事件。參見李建忠，〈台灣戰後信教自由的回顧與展望〉(1998)，p.10。然而直至最近，在內政部與國防部所共同規劃的社會役方案下，將可能對於因信仰而與兵役制度衝

此外，就宗教教育而言，自從 1984 年立法院三讀通過私立學校法部分條文修正案而准許了私立大學或學院設立宗教學院或系所之後，1991 年行政院更在其所召開的治安會報中決議要將輔導宗教教義研究機構納入正規教育體系[8]，這是當局對宗教教育在政策態度上的一個重要改變，亦可說是其統治戰術上所採行的一項迂迴技倆。有學者認為，這種宗教教育的開放係為當局的讓步，所以可見得解嚴後政府政策之原則已在鬆動了[9]，但也有學者強調說，當宗教研究機構全被納入正規教育體系後，當局就依法有據來強制收編及取締無法被管理者[10]。其實這兩種說法都有其正確性，因為在解嚴後統治當局之全盤否定式的負面性控制手段已逐漸失去其效力，是故在各方權力角逐的情形下，當局便以部分肯定式的正面性收編而來達成其合法統治的戰術之運用。所以即使像在 1997 年新約教會自辦之「伊甸學園」的自行教育事件之發生，亦可視為是一項政教關係在權力撞擊下之權衡緩衝的戰術考量。

　　除了一些行政命令或法規依解嚴後的台灣宗教狀況而有產生的變異外，這時期的一些憲法學者就憲法中的「宗教自由」議題也提出了許多獨特的看法[11]。譬如陳新民就

擊的情形提出一個改善辦法，也就是說，未來那些教徒可以社會役來取代服兵役，但役期至少要兩年。

[8] 參見瞿海源，《台灣宗教變遷的社會政治分析》(1997)，p.436。

[9] 參見江燦騰，《台灣佛教文化的新動向》(1993)，pp.191-2。

[10] 參見瞿海源，《台灣宗教變遷的社會政治分析》(1997)，p.436。

[11] 但不可否認的是，亦有相當多的憲法學者依然延續著先輩們對憲法中

指出國家不能擁有對宗教的「認定權」，亦即認定何種信仰爲宗教或非宗教，宗教的「認定權」應爲人民所擁有，因此在憲法第 13 條中所規定的「人民有信仰宗教之自由」也應包括承認人民有「創立宗教」之權利[12]。這種解釋係也符映了解嚴後台灣所出現大量的新興宗教之現實概況，因爲宗教信仰的自由是最能夠體現在宗教的多樣性之上，並且人民也能夠依其喜好來做一自由的選擇和信仰。另外，陳新民也強調著宗教自治原則，此自治原則係指各種宗教可基於其自身的教義、傳統等而來自行決定其管理和運作之權[13]，也就是說，國家不能以政治力強迫宗教團體應該如何去組織運作，如以選舉來決定住持、主教或管理人員等，而應當由各宗教自行依其教義、傳統來決定，如此對於宗教而言，才是有著真正的自由。

　　由此可知，在解嚴後之多元主義盛行的世界圖象下，不管是關於宗教之行政命令、解釋的頒布執行亦或是對憲法上「宗教自由」之詮釋，皆呈現著與解嚴前不同的統治樣貌，更甚者，當各宗教在解嚴前所極力反對當局推動的幾次宗教法草案之情形還被大眾記憶猶新時，不到十年的光景，大部分宗教卻轉而支持統治當局的宗教立法。1990年 3 月 17 日內政部在台北國軍英雄館中所召開的宗教人士聯誼座談會上，其間包括有 12 個宗教 21 個教派 62 位

之「宗教自由」的解讀。
[12] 陳新民，《中華民國憲法釋論》(1995)，作者自印，p.264。
[13] 同上，p.266。

代表與會，而會中卻有大部分宗教人士均贊成當局制定宗教法[14]，不管是該法律要名爲「宗教法人法」或「宗教團體法」，其主要的理由都是針對當時所謂新興宗教引發的宗教亂象而來[15]。

其實不管是以何種名稱來界定宗教法律，「所有的法律體制就其根本性質而言都是一種管制體制」[16]，因此倘若排除掉那些依舊反對宗教立法的宗教人士(如長老教會)外，這些主動要求當局立法的宗教人士可能已是純以自身宗教利益爲考量點出發，在權衡得失後而加以支持此類立法，這跟解嚴前由統治當局所佈局之立法的被動支持景象是存有著相當不同的態度。但是儘管當局的宗教立法一案獲得了廣泛宗教界的支持，然而要如何制定一個可符映各宗教介面的宗教法案仍是有諸多爭議的，打從 1990年那次的宗教座談會後內政部依討論意見委請國立中山大學研擬宗教法草案開始，及 1991 年之「宗教法人法」草案的提出，到 1998 年內政部民政司再度發表的「宗教團

---

[14] 吳堯峰，《宗教法規十講》(1996)，p.552。

[15] 就當時那種所謂的「宗教亂象」或「人神混淆」的歪風，所導致宗教人士主動要求當局制定宗教法來加以規範之情形，傅佩榮認爲這簡直是不可思議的事，他就說「宗教自有宗教的規範，其內部的制衡作用絕對大於法律條文的約束。如果一個社會的宗教界人士主動希望制定宗教法，則明顯表示宗教本身的規範已經失效了，或者宗教界無法獨立自存，需要訴諸法律的保障。今天的情形恐怕兩者皆有。」參見傅佩榮，〈由宗教哲學對兩岸宗教文化的初步反省〉，收錄於《兩岸宗教現況與展望》(1992)，，學生書局印行，p.83。

[16] 顏厥安，〈凱撒管得了上帝嗎？——由法管制理論檢討宗教立法〉，《月旦法學雜誌》第 24 期(1997)，p.36。

體法」草案初稿，宗教法案的內容一直未能在宗教人士間取得共識，以 1998 年的「宗教團體法」草案初稿爲例，在全部 45 條條文中就有好幾處倍受爭議，如第 11 條、第 12 條都定有最高權力機構或執行機構的規定，且第 11 條還限定其成員名額不得少於五人；第 24 條中有規定「宗教團體之不動產，非經主管機關之許可，不得處分、變更或設定負擔。」；第 25 條規定宗教團體要興辦公益、慈善事業或其他社會福利事業等；第七章「解散」與第八章「罰則」的部分條文；及第 41 條中規定「宗教團體不得以附設之納骨塔從事營利行爲」等等，是最受到質疑的議論之處，因此該「宗教團體法」最後也幾近難產[17]。

由此可見，各宗教團體的主體性已浮現在此爭議之間，而統治當局的戰術性運作即在針對各項議論點進行戰鬥和選擇性收編。所以，從各宗教政策變異的情形看來，解嚴前後的政策變革並非是全面性與不連續的，變異的部分係取決於時、空影響因素而散置於各處，如國旗敬禮問題、信仰兵役衝突問題、宗教教育問題等等，甚至於是對「宗教自由」之憲法解釋的部分意涵和對宗教法制定的態度上，由於當局與宗教團體不斷地發生權力激盪，政教關係也就不斷地相互有所妥協與轉圜。

---

[17] 參見〈二十於教派反對立法箝制宗教〉一文，聯合報 88 年 3 月 22 日第六版。

(二) 民意歸向的政策逆轉

　　解嚴後的相關宗教政策之制定，常常是取決於代表民意的宗教團體所能展現的影響力而定，江燦騰就指出這是因為牽涉到民眾的宗教習慣及各宗教背後所代表的群眾力量與經濟利益等，以致於讓當局為考量政局的穩定與免於承受激烈反抗之風潮，而所做的一些讓步和妥協罷了。

　　就拿兩岸宗教交流的相關規定來說，自從 1987 年政府開放大陸探親以來，當局在制定有關大陸宗教人士來台的法規中，便有「現階段大陸人士來台參觀訪問申請作業要點」及「動員戡亂時期國家安全法施行細則」等等規定，但按上述規定，前者範定了大陸宗教人士係屬「文化人士」，而且是要具備著專業造詣者方得申請來台，而後者對於大陸宗教人士來訪的規定卻有如此說明，即凡屬共產黨員或曾經前往淪陷區有助於中共叛亂組織者將不能入境之規定，於是根據這些規定，大陸宗教人士就很少能符合當局設定之標準來台，也因此兩岸的宗教交流常淪為單向交流情形。然到了 1992 年 3 月，台南縣學甲慈濟宮申請福建晉江寶泉庵董事長蔡芳要等來台，但是經當局審查其現職登記為漁民或無業而未符專業造詣標準，惟該宗教團體的強力遊說並促使審查委員認為大陸宗教人士來台從事宗教活動將會對兩岸宗教交流有所助益，於是建請行政院大陸委員會協調研處。嗣經行政院大陸委員會要請有關機

關研商決定同意寶泉庵之負責人與其幹部來台,至於法規方面請內政部、教育局再予修訂[18]。

另外,1992 年至 1994 年間於台北新生南路上七號公園內的觀音像拆遷事件,在長期政教勢力抗衡的情況下,最後亦因當局順應「民意」的考量來收場。這是宗教團體在政府政策過程中所發生之影響力的最佳例證,民意在其間一直是扮演著相當關鍵性的主導角色,蕭子菁在對此觀音像事件的個案分析中亦表示,「市府決策深受宗教團體影響,顯示出民意參與已產生大幅度的消長,換句話說,觀音像的留或不留,主要是取決於參與團體的意見,而非市政府本身的決定。」[19]所以,就像該事件中的主角之一釋昭慧法師所常指出的,一個以民眾為依歸的宗教團體,是任何統治當局所不敢迫害的,這是「民意」之偉大使然,因此她感嘆著在社會上,宗教「難道不應該基於慈悲或博愛的精神,凝聚更多的民意,形成壓力,以督促政府或立法院改變或增訂更好的法案或政策?」[20]可見得「民意」在解嚴後所代表政教關係中的一股可用的存在勢力,因為它既可被用以唾棄某一宗教,也可強勢地轉轍政治走向。

由此可知,當局政策制定之戰術運用常是隨著民意而四處翻轉,當然,政治也會善用民意來協助推動政策,

---

[18] 陳啟章,《大陸宗教政策與法規之探討》(1993),行政院大陸委員會,pp.76-7。

[19] 蕭子菁,《台灣宗教與政治關係之研究:七號公園觀音像遷移事件個案分析》(1995),p.94。

解嚴後的宗教立法一案即是如此。這是因爲近年來一些新
興宗教或擬宗教所產生的一系列影響人心之社會事件，如
宋七力事件、妙天禪師事件、太極門事件及飛碟會等，從
而使得一般民眾開始思考和主張規範宗教的必要性，進而
呼籲政府要制定宗教法來管理宗教，再加上一些宗教團體
的自清運動和極力與那些新興宗教劃清關係之緣故而支持
宗教立法，於是當局有順水推舟之勢而來加速宗教法的制
定及推行，「宗教團體法」草案的出現便是一例證。

　　所以，多元化社會的呈現必然導致宗教政策採行具
有時間性及空間性效果的施爲圖象，也就是一項針對宗教
議題性來解決的戰術運作之統治施爲，這係以民意歸向的
統治思考，是一種基於「政教互爲主體」之權力激盪而來
的宗教政策的規劃與產出。

(三) 宗教多元化的政策趨勢

　　在 1989 年 1 月公告的〈人民團體法〉中第一章「通
則」之第七條規定：「人民團體在同一組織區域內，除法
律另有限制外，得組織兩個以上同級同類之團體。但其名
稱不得相同。」解嚴後的這條政策，亦正式開啓了宗教組
織多元化的趨勢，然衝擊最大的，應是掌握佛教組織一元
化近四十年的中國佛教會。

---

[20] 釋昭慧，《敢向高樓撞晚鐘》(1998)，法界出版社，p.134。

長期以來，中國佛教會在戒嚴法令的保障之下總理著全國佛教組織，並且以傳戒權的獨佔而掌控著全體佛教徒，統治當局亦以透過介入中國佛教會來支配整個佛教界，所以戒嚴時期想要成立類似的中央級佛教組織係屬不可能，譬如 1978 年正值中美斷交時期，佛光山的星雲法師擬成立「中國佛教青年會」組織來幫助政府進行國民外交，結果仍招到強力反對而瓦解[21]，可見當時特殊的政治境況是有利於一元化宗教組織的存在，並且是當局以統治的考量而來建構出一條鞭式的「以政領教」之統禦型態。

　　1989 年「中華民國佛教青年會」成立，1991 年 2 月佛光山的「中華佛光協會」成立，同年 8 月「中華佛寺協會」於高雄鼓山成立，此外尚有「中華民國現代佛教協會」成立等等，其中之「中華佛光協會」規模已成為了一個跨國性組織而超越了「中國佛教會」組織，在其一本《中華佛光協會會員手冊》中即已說明著：「中華佛光協會與中國佛教會等其他團體完全一樣，同屬人民團體……」[22]，這顯示出該團體是具備著與「中國佛教會」同等的地位，且怠無疑義係同屬一種佛教的全國性組織。另外，隨著該同級組織的陸續出現，「中國佛教會」的傳戒權壟斷情形也自然失去其合法性，像是「佛光山與光德寺，即在同一

---

[21] 參見江燦騰，《台灣佛教百年史之研究：1895-1995》(1996)，p.251。
[22] 轉引自江燦騰，〈解嚴後的台灣佛教與政治〉(1994)，佛教與中國文化國際學術會議論文，p.15。

時間，各自舉行三壇大戒」[23]，也就是說，傳戒活動已又恢復成爲各寺院自主舉行的常態了。

　　所以，宗教組織的多元化在解嚴之後即成了台灣社會多元化場景的構成之一，〈人民團體法〉終結掉了戒嚴時期當局所實施之宗教一元化的統治模態，不但使得同一宗教開放其同類型組織競爭局面的出現，更促使大批新興宗教團體來登上這場宗教博覽會的展示台。因此，所謂宗教自由市場在台灣也焉然成形，一大推終極意義的供應場域陳列在民眾的面前，任君挑選且可貨比三家，投入(commitment)或皈依(conversion)完全賴於民眾的喜好與選擇，結果各新興宗教莫不盡其所能來投其信眾所好，以期能吸引廣大的信徒來相追隨，這種情形就如同鄭志明所說的，「台灣宗教最大的特色是來自於民間的自發性，任何教派的發展多有其強烈的自主性，其發展的成敗在於信徒的供養與支持」[24]，所以宗教發展的成敗係取決於民意的支持及歸向，也就是說，「在這個社會裡，已經不是政治可以破壞宗教，而只有民意可以讓宗教消失；當人民都唾棄某宗教時，這個宗教就危險了！」[25]

　　因此，在宗教多元化的政策趨勢中，統治當局在政教關係的角色扮演上就不能再以由上至下的統治意志來做

---

[23] 江燦騰，《台灣佛教百年史之研究：1895-1995》(1996)，p.292。

[24] 鄭志明，〈兩岸宗教交流之問題與展望〉，收錄於《兩岸宗教現況與展望》(1992)，p.73。

[25] 釋昭慧，《敢向高樓撞晚鐘》(1998)，p.56。

爲對宗教控制的謀略，而是必須以朝向互爲主體的政教模式並在尊重宗教的前提下，去順映或掌握民意之趨向來進行一項政教關係的戰術性思惟，即是以民意做爲統治的基礎而就各別的宗教性議題來帶入政教關係中。所以，統治的技藝在此間便表現出一種由下而上的政策運作，依民意趨向的政策制定更能展現統治當局的民主風範及統治合理性，是故戰術的使用與民意的趨向係有著密切的關係，也就是在解嚴後的多元化社會中，掌握民意或與民意結合應是戰術成敗的風向球。當然宗教也是一樣，宗教團體本身即是一種民意的聚集機制，所以它的主體位階及政治影響力係亦取決於其擁有民意基礎的程度。由此可知，此時期之政教關係的展現即在於宗教多元場景下的民意聲勢之角力，而宗教在此間所呈顯的，亦是如政治般之具有主體發言的性格。

　　總之，解嚴後之台灣的政教關係所呈現在當局政策及法規的制定上，係是以議題導向的戰術方式來作爲統治施行的技藝之一，這時期的法規是與解嚴前的一些規定有所變異，而且當局宗教政策的制定或取向也漸轉變以民意爲其參考的指標。依此，多元化在宗教政策上的體現就不至於令人意外，因爲民意的多元化是必然會影響當局在宗教政策制定上的諸多考量，而這種考量也意謂著政教關係中之宗教主體地位的產生，也就是說，「政教互爲主體」的情形已逐漸成爲解嚴後之政教關係的展現模態。然而政教的「互爲主體」並非是「互不干涉」，相反的，不但是

政治試圖介入宗教場域的情景依然會存在，而且是宗教團體的政治參與也逐漸成為未來各個宗教在其發展上的必然趨勢。

三、散置權力

由於台灣逐漸地朝向多元化政治與社會的景象，戒嚴時期之完全「由上而下」的統治方式也趨向解體，執政當局對於其統治對象不再擁有過去那般一元化的權力貫徹，集權式的權力已被拆解並散置於各處，並漸次形成各區域(local)的權力核心。所以現代的統治戰術係採權力分化與差異化的滲透模式，透過多元性的權力施為來貫徹到現實生活的每一個領域，此時國家的角色即在建立體制與制度化，而其任務即在進行一項「由下而上」的政治收編。在此，國家與執政當局的概念必須被區分開來思考，也就是視當局不再等同於國家，國家的整體性概念被抽象化來成為統治與被統治對象所共有，而當局亦淪為現實諸多權力核心之一。台灣的政治現況即是朝向此般情形來發展，這可從政黨政治的形成以及各類「民意」團體的出現做為例證，是故統治的主體不再屬執政當局為唯一，主體是不斷地向外分延及擴散，於是，其權力的散置化係削減了當局的強橫暴力，而「互為主體」的呈現便成了台灣在解嚴後的發展傾向。

解嚴後台灣的政教關係亦是如此。過去那種「以政領教」的統治模態已式微，取而代之的是「政教互為主體」模態的開啟，這係因權力的散置化進而造成主體的分延化所導致，政教主體間會相互的抗衡和介入，並各自以其自身所處情境的角度來思考此政教關係。所以，散置化權力亦展現在宗教層面上，各宗教已逐漸獲具了解嚴前所少有的自主性存在理由，這是一項以自身作為主體來考量的理由，而其自主意識也推動了與政治之抗衡或介入的激情動因。因此，統治權力的散置化促成了政治和宗教彼此邁向互為主體，雖然政治依舊頻頻地試圖去控制宗教，但此時期的宗教也同樣地表現出對介入政治的興趣，這種複雜的政教關係係體現在各方政教層面的現實議題上，亦體現在各方權力關係的角逐與抗衡中。

(一) 政治勢力的放任與介入

解嚴後的台灣社會，由於政治變遷的激烈以及社會多元化後所造成的一些法制空白，已使得政治權力的執使逐漸產生被動狀態。就拿兩岸宗教交流的歷史過程來說，當 1987 年 7 月 14 日政府宣布解嚴之後，同年 10 月 25 日大甲鎮瀾宮的十七名董監事即搶先在正式開放大陸探親 (11 月 2 日)前，出發前往大陸福建的湄洲媽祖廟進香；1988 年 10 月，北港朝天宮的董事會董事也率團前往該地媽祖廟朝聖謁祖，從此，這種到大陸進香活動便成了許多民間

信仰的潮流風氣；1989 年 3 月 27 日，佛光山星雲法師帶
領著三百餘人的「國際佛教促進會弘法探親團」訪問大陸，
並在中共佛協安排下於北京、上海、南京三地舉行弘法演
講會及座談會，4 月間，包括大甲鎮瀾宮、高雄行天宮、
阿蓮慈聖宮等廟宇組團參加大陸湄洲媽祖廟的媽祖聖誕慶
典儀式，而在 5 月，即發生了蘇澳南天宮組船隊直航大陸
湄洲媽祖廟的政教事件，並且引起了當局的治安與司法等
單位的關切。

　　從上述兩岸宗教交流的過程中可知，執政當局在當
時角色的扮演上係採行一種較開放性的態度傾向，以 1989
年的宗教交流事項為例，星雲在大陸期間接受中共安排的
公開談話活動即已違反了我方法令規定[26]，更遑論蘇澳南
天宮的直航大陸事件，亦是觸犯了當時的三不政策(即不
通航、不通商、不通郵)，但是當局卻未對此採取嚴厲的
懲罰處置，而只在直航事件中的船長群上判處二、三個月
不等之刑期而已，所以由這兩個事件所引起的爭議，已使
得當時兩岸宗教交流問題之無適當法源可處理的依據，凸
顯出當局政治力的放任與空虛。直到 1990 年 10 月，內政
部才針對兩岸宗教交流事項宣布了「現階段宗教團體派員
赴大陸地區從事宗教活動作業規定」，以明確地規範我方
宗教人員到大陸所應注意的一些原則。

---

[26] 對於此一星雲訪大陸之事件，依學者言之，「據說這位國民黨的中央
　　評議委員是經過報備的」。參見瞿海源，《台灣宗教變遷的社會政治
　　分析》(1997)，p.149。

以蘇澳南天宮的直航大陸事件來說，整個進香團出航的盛大場面係為南方澳建港以來的前所未見：

> 在熱鬧的場面正進行的同時，負責安檢的警方人員，卻靜靜地配合神像入宮安座的時辰，以三十分鐘不到的時間，做完安檢工作而予放行；治安人員除錄影外，未採取任何行動。當時進香船隊雖經向安檢單位報備，但理由並不是直航大陸進香，而是普通的海上作業。然而不但目的十分明顯，有關單位也不是不知道其目的，所以這一船隊可說是明目張膽的直航大陸。[27]

而迎接該進香團返航的聲勢也非常壯觀，除了有上百艘漁船出海接神駕外，尚有當時的「縣議會議長羅國雄和省議員游錫堃還擔任神轎的抬轎人，而當地的民意代表也全部到場。」[28]對此，瞿海源就指出：「我們如果把這次進香活動視為 1989 年民間信仰最重大的事件應當是相當恰當的。這個活動本身又涉及民間宗教力量與政權力量的微妙的互動關係，其所顯示的宗教與政治關係的意義也就很值得注意了。」[29]由此可知，解嚴後的政治力量已開始考量民間勢力的走向，從政治放任到制度形塑的過程裡，當局不再只是扮演著一個「由上而下」式的積極角色，

---

[27] 蕭真美，〈兩岸宗教界交流之回顧與展望〉，《東亞季刊》第 27 卷第 5 期(1996)，政治大學東亞研究所，p.93。
[28] 瞿海源，《台灣宗教變遷的社會政治分析》(1997)，p.158。
[29] 同上，pp.148-9。

相反的，它是透過政教力量的抗詰而來產生一項符合雙方利益的兩岸交流法規。

另一方面，解嚴後的當局試圖經由政治力介入宗教的景像也未曾間斷。譬如以長老教會為例，1988 年 11 月當時的立委吳淑珍在立法院就曾緊急地質詢國安局中有著所謂「長老教會黑名單」一情事，而其中 90 人名單上，便已包含了所有長老教會的領導階層，而整個長老教會也被國安局、警備總部、以及調查局來分別地滲透和監控；在 1989 年 1 月的教會公報中也指出，當局已成立「宗教第五縱隊」試圖在天主教和基督教會內製造分裂及衝突，以有利於政治力對宗教的介入與監管，而其實施重點是「建立各地長老教會與新約教會重要人士資料，爭取黨友和同志」及「適時舉辦各級組織宗教幹部同志座談會或工作研討會」等[30]。此外，在同年 3 月也發生了天主教「馬赫俊神父」事件，該事件係因新竹區的馬赫俊神父支持當時的勞工運動而惹惱了執政當局，結果被逮捕且解送出境，這事件亦促使了天主教與當局緊張狀態的出現，進而影響了解嚴前它對當局的那種依從關係。

綜上所述，政治力對宗教事務不管是採被動的從放任到制度形塑，或者是主動地強行介入，皆是針對各宗教的現實性議題來進行一項權力的抗衡，而其最終目的即在於收編政教抗衡後的制度建構及達成國家持續性統治的運

---

[30] 參見陳玉梅，《台灣基督長老教會的政治參與》(1995)，p.114。

行順暢，所以解嚴後的政教關係係爲在國家整體架構下的政治與宗教之權力抗衡關係。然就政治勢力而論，宗教議題一直被視爲是政治介入和干預的一個切面，宗教不能脫離政治社會而存在，因爲它的存在就一定是或必然會被導向政治場域，所以是屬於構成政治系統的部分。是故從這觀點來看，宗教議題的政治介入便成爲理所當然。台灣的政治場域就常常展示出這般的理所當然，像選舉期間之政治人物爲得選票的支持，即常試圖去運用宗教資源及提供其政治承諾來求取勝選，而官員們則爲凸顯其身分地位，更常在宗教活動上發表政治性談話或將政治轉換成宗教語言來表達，這都是政治勢力對宗教的明顯介入。

所以，在當局面臨多元化社會的擴張時，已就無法回到過去那種一元性的總體意志的權力施行，而是必須在宗教議題模糊的狀態下採行放任式的由下而上之制度形塑，以及當宗教議題須被迫切解決的狀態下才去強行介入。

(二) 宗教主體性的甦醒

最能顯示出解嚴後之宗教版圖的發展模態，即是教派的分化林立和大批新興宗教的出現；而對於各宗教團體的自由組織與傳播，更是呈現了宗教主體性的逐漸生成。這是政教關係的最重要轉變，因爲此時期之政治力已不再能夠絕對地去主宰宗教，縱然有宗教仍持續原有的政治立

場，但它已不再只是一種被動的、受政治抑制的附屬品，而毋寧是摻雜著許多有利於自身組織發展的一項自主性考量。更甚而，在這般政教關係型態的激烈轉變下，某些宗教更以其所聚積於民意的主體性力量來介入政治，並且亦成了一個積極地影響政治走向的關鍵性角色。

佛教向來即與當局維持著一個良好的政教關係，當解嚴後政治之強橫暴力快速銳減的情況下，教界大部分仍以支持執政當局為其政治要務，但此間它們不再只是被動地為政治提供服務，而毋寧也存有著試圖藉由結合政治資源來壯大自身發展的動因，因此像是白聖、悟明及星雲等一些教界大老，均以中央評議委員會的委員身分參與了當局之政治領導核心，所以若從宗教的介面來看，這就是一場宗教介入政治的政教關係景象，是宗教結合政治力來凸顯自身的優位象徵。

另一種宗教介入政治的方式即是直接採行權力碰撞的政教衝擊與抗衡。再舉佛教為例，1990 年佛教界為支持台大學生的「野百合運動」[31]而發起了佛教團體史無前例的「佛教救國救憲運動」，在其〈佛教救國救憲宣言〉一文中即已明白表示：「值此國家多事之秋，佛教徒不再是沈默之一群；值此民主洪流奔盪世界各國之際，台灣人民不能再充耳不聞。……我們呼籲政府，貫徹實施真正的

---

[31] 當時該運動即在訴求要解散國民大會與廢除臨時條款，並且主張政府要召開國是會議及提出政經改革時間表等。

民主憲政,以正法治世,不邪枉人民。」[32]此外,「觀音像事件」亦是佛教介入政治場域的一個實踐面向,並且也實際地影響了當局在處理該宗教事務上的政策過程,所以儘管表面上看起來這應是一項宗教事件,但暗地中它卻是屬於一個充斥著宗教力干預下的政治事件。

明顯的宗教介入政治之景象,可以新興宗教團體中的「萬佛會」爲最佳實例。萬佛會基本上係屬於一種以政治和社會改革性活動爲主的新興宗教團體,特別是它在 1990 年年底成立了一個名爲「真理黨」的政治性組織,並進行各項相關政治議題的運作。事實上,真理黨的成立係象徵著萬佛會所欲介入政治場域的意圖,概因該黨組織是以萬佛會信徒爲其組成基礎,所以它也展現了政教合一的發展傾向。關於萬佛會的政治介入或參與,依鄭志明所言,萬佛會係——

自 520 農運以來,積極地投入到各項新興社會運動之中,包括政治性的與非政治性的價值取向與目標取向的各項運動。尤其是街頭運動出席率極高,從政治議題的廢除刑法 100 條、制憲、反白色恐怖等運動外,積極介入與聲援各種弱勢團體的街頭活動,如農運、工運、學運、婦女運動、環保運動、教育改革運動等,及一些主題性活動,如無殼蝸牛、幅射屋、老人年金以

---

[32] 江燦騰,《台灣佛教百年史之研究:1895-1995》(1996),p.453。

及七號公園觀音不要走等抗爭活動。[33]

　　由此可見，議題性的政治事件已成爲解嚴後之宗教介入的訴求目標，萬佛會藉由其政教共生體系的這種連結，從而將政治問題與宗教使命劃上等距，以便在對政治參與的層次上來合理化自己。同樣地，基督教長老教會也展現出其強烈的政治介入和參與，早從解嚴前之 1970 年代起便已明文呈示了它的政治關懷，也開啓了政教衝突的緊張場景。然解嚴後長老教會的政治介入也有了一些明顯的轉變，也就是從先前之單純對台灣民主政治訴求的建言轉變到對實際選舉過程的積極投入，或者說是轉變到一種針對現實政治行動的參與，如主張廢除核電廠、正視原住民問題、支持黨外制衡力量、反對軍人干政、關懷二二八事件、主張國會全面改選……等等。這些亦屬於議題性的政治介入事件，可見得解嚴後的政教抗衡主要係以各層面的散置關係來進行政治和宗教的細部作戰，亦即一場具有時空性的權力戰爭。

　　總之，在這場政教抗衡的戰局當中，宗教逐漸地展示出它的抗壓性以及反擊力，所以相對於政治來講，宗教亦呈現了它的主體性。因此，「政教互爲主體」的政教關係模態在解嚴後的多元化台灣社會裡得到了養分，其主體性的甦醒已使得各個宗教團體開始思考其自身存在的位

---

[33] 鄭志明，《台灣當代新興宗教》卷二(1996)，南華管理學院出版，p.213。

置，而且也從此位置之角度來看待整個世界並調整其政教關係。以各宗教所介入的政治場域爲例，中國佛教會與佛光山系統的佛教團體係支持當下的主流權力當局；而當1990年總統大選時，天帝教也曾以「天命說」來表明支持非主流派的蔣緯國勢力[34]；另外，具有強烈獨派意識之《新雨》雜誌社的一批佛教徒則主張「台灣人民自決」的論述；對此，萬佛會所成立的「真理黨」則在其黨綱的第一條列入台獨立場；當然，基督教長老教會也老早就行文表明「台灣前途應由台灣全民自決」的政治宣言。由上可知，不論各宗教團體的政治傾向爲何，其主體性意識的展現已不言而喻了，這係拜解嚴後之政治多元化發展所賜，宗教於此也主動地表達出其政治認同。

因此，宗教的主體性在解嚴之後確實已逐漸甦醒了，1999年春佛教界更以爭取佛誕日列入國定假期而與當局展開大規模的周旋，並且強調著：「如果行政院未能核准佛誕日放假，將發動信眾走上街頭，且會在明年總統大選時以選票抵制。」[35]這是一項宗教勢力對政治場域所發出的怒吼，而且是在強勢地介入政治過程中把宗教主體性推向極大化趨向。如此看來，宗教在解嚴後的政教關係裡確實已踏上權力角逐的發言台，也就是站在與政治同等位階的另一端上而來爲自身權益吼出聲響，所以它已不再歸屬

---

[34] 參見楊惠南，〈台灣政教關係之種種〉，《台灣春秋》2(10)(1990)，pp.262-3。

[35] 〈佛教界力爭佛誕日放假〉，聯合報88年3月20日第七版。

於政治場域中之眠睡無聲的一群，此時期，它已經逐漸甦醒了，而且是正在擦亮眼睛。

（三）宗教本土化趨勢

宗教主體性的甦醒即表現在其自主意識的漸行展露上，這種自主意識不但促使了各宗教團體在政治參與上的自由選擇，而且也激發起對政治抗爭與社會改造的意願及使命感。特別是在於對台灣這塊土地的認同追尋中，解嚴後的許多宗教發展趨向即朝往「在地化」的情境轉移或摸索，因此也就形成了一股所謂宗教本土化的熱潮。其實，過去台灣的一些主流宗教團體便有本土化的傾向，譬如基督教長老教會一向即以本土教會自居，因為他們已歷經了百餘年來台灣政治變遷的風雨[36]；此外於 1966 年證嚴法師所成立的「佛教克難慈濟功德會」及 1967 年星雲法師成立的「佛光山」，亦都有立足於台灣的本土意識之呈現。只是，宗教團體廣泛的本土化傾向，待解嚴之後才被大量地由原有的或新興的宗教團體所基進地(radical)宣洩出來，而所謂「基進」，依江燦騰的界定係指「有鮮明參與的政治意念表達，包括文字著述、演講和靜坐示威、遊行等。」[37]也就是說，基進意謂著一種行動的實踐，藉由各

---

[36] 依據史料所載，基督教長老教會傳入台灣的年代約為清末期間，較早的是南部教會於 1865 年成立，而北部教會則於 1872 成立。

[37] 江燦騰，《臺灣二十世紀佛教的轉型與發展》(1995)，財團法人淨心

項權力方式的介入，而來試圖將其政治意念貫徹於政治場域。

　　1987 年至 1988 年間出現的「新佛教運動」即是一種宗教本土化趨勢的展現，其著重點便是在關於本土化的民主運動上，並且特別是指涉到「台獨」的政治議題。譬如上述所提及〈新雨〉雜誌社的一些佛教徒和萬佛會等新興佛教的組織團體，就是採本土化的政治立場而在統獨議題上打轉，這種把宗教使命與政治關懷結合在本土化的趨向上就構成了所謂「新佛教運動」，更甚而，透過這種本土化再與主體性的結合，「新臺灣佛教」的概念和意涵也就於此被構造完成了[38]。

　　因此，宗教本土化可說是一項宗教朝向以其所立足的台灣為反思主體的過程，而這是與解嚴前那種以反共及回歸大陸為宗教思考模式有著極大不同的意向，因為本土化思維係立基於宗教當下所處之位置，植根於此並有著強烈的認同情感，有「我們」的意識連帶及生死與共的認知。也許，持基進立場的宗教團體在本土化這議題上展現出積極的態勢，因而導致解嚴後的宗教團體間有著統獨傾向的區辨，但是不管各宗教所持有之政治立場為何，本土化或在地化現象不言而喻地在夾雜著台灣獨特的歷史經驗下，或多或少已成為未來宗教發展的走向。「宗教尋根」只是

　　文教基金會印行，p.178。
[38] 參見江燦騰，同上，pp.175-80。

在追尋那生命記憶的殘餘，兩岸的長期分隔已造成宗教不同的呈現圖像，風潮易逝，「宗教尋根」已轉成爲各宗教派系在權力上的競逐與自我證明而已。

所以，經由主體性的甦醒及本土化的發展趨勢，台灣宗教已邁往自己擁有的天空，這是一種定位於台灣、在政教關係中的自主性顯現、以及認知宗教間差異存在的天空，其間之宗教場域和政治場域交叉疊合，透過各處散置權力的相互激盪，一股渾厚的宗教勢力逐漸地聚集和被形塑出來。解嚴後的政教關係模態，政治與宗教已分別踏上權力場的兩端，並且各自拔出「主體」之劍，相互地虎視眈眈及蓄勢待發，台灣的政教發展似乎依舊寧靜，但實際卻是暗潮洶湧。

附　　錄

附錄一

中共《關於我國社會主義時期宗教
問題的基本觀點和基本政策》

(一)建國以來，我們黨對宗教的工作經驗經驗了一段曲
折的道路。新中國成立以後，直到「文化大革命」，以前
的這十七年中，雖然也有一些重要失誤，但是總的來說，
在黨中央正確方針政策指引下，黨對宗教的工作取得了重
大的成就。但是，自一九五七年以後，我們在對宗教的工
作中的「左」的錯誤逐漸滋長，六十年代中期更進一步地
發展起來。特別是在「文化大革命」中，林彪、江青反革
命集團別有用心利用這種「左」的錯誤，肆意踐踏馬克思
列寧主義、毛澤東思想關於宗教問題的科學理論，全盤否
定建國以來黨對宗教問題的正確方針，根本取消了黨對宗
教的工作。他們強行禁止信教群眾的正常宗教生活，把宗
教界愛國人士以至一般信教群眾當作「專政對象」，在宗
教界製造了大量冤假錯案。他們還把某些少數民族的風俗
習慣也視爲宗教迷信，強行禁止，個別地方甚至鎮壓信教
群眾，破獲民族團結。他們在宗教問題上使用暴力，結果
卻使宗教活動在秘密和分散的狀態下得到某些發展，少數
反革命份子則利用這種條件，在宗教活動掩蓋下大搞違法
犯罪活動和反革命破壞活動。

(二)尊重和保護宗教信仰自由，是黨對宗教問題的基本政策，這是一項長期政策，是一直要貫徹執行到將來宗教自然消亡的時候爲止的政策。

我們共產黨人是無神論者，應當堅持不懈地宣傳無神論，但是我們同時應當懂得，對待人們的思想問題，對待精神世界的問題，包括對待宗教信仰的問題，用簡單的強制方法去處理，不但不會收效，而且非常有害，還應當懂得，在現階段，信教群眾與不信教群眾在思想信仰上的這種差異，是比較次要的差異，如果片面強調這種差異，甚至把它提到首要地位，歧視和打擊信教群眾，而忽視和抹殺信教群眾和不信教群眾在政治上、經濟上根本利益的一致，忘掉了黨的基本任務是團結全體人民(包括廣大信教和不信教的群眾)爲建設現代化的社會主義強國而共同奮鬥，那就只能增加信教群眾和不信教群眾之間的隔閡，並且刺激和加劇宗教狂熱，給社會主義事業帶來非常嚴重的惡果。

社會主義的國家政權當然絕不能被用來推行某種宗教，也絕不能被用來禁止某種宗教，只要它是正常的宗教信仰和宗教活動。同時，絕不允許宗教干預國家行政、干預司法、干預學校教育和社會公共教育，絕不允許強迫任何人特別是十八歲以下少年兒童入教、出家和到寺廟學經，絕不允許恢復已被廢除的宗教封建特權和宗教壓迫剝削制度，絕不允許利用宗教反對黨的領導和社會主義制度，破壞國家統一和國內各民族之間的團結。

總之，使全體信教和不信教的群眾聯合起來，把他們

的意志和力量集中到建設現代化的社會主義強國這個共同目標上來，這是我們貫徹執行宗教信仰自由政策，處理一切宗教問題的根本出發點和落角點。任何背離這個基點的言論和行動，都是錯誤的，都應該受到黨和人民的堅決抵制和反對。

(三)全國各種宗教職業人員，現在總共約有五萬九千多人。其中佛教的僧、尼、喇嘛，約有二萬七千多人；道教的道士、道姑，約有二千六百多人，伊斯蘭教的宗教職業人員，約有二萬多人；天主教的宗教職業人員，約有三千四百多人；基督教的教牧人員，約有五千九百多人。由於多年的自然淘汰，現有職業人員已經比解放初期減少很多。

因此，對於一切宗教界人士，首先是各種宗教職業人員，一定要予以應有的重視，團結他們，關心他們，幫助他們進步，必須堅持不懈地和耐心地對他們進行愛國守法，擁護社會主義，擁護祖國統一和民族團結的教育，在天主教和基督教中還要加強獨立自主，自辦教會的教育。必須妥善地安置宗教職業人員的生活，認真落實有關政策，特別是對其中的知名人士和知識份子，更應當儘快落實政策，給以適當的待遇。必須對宗教界人士和信教群眾中的尚未平反的冤假錯案，抓緊複查，實事求是地予以平反，特別是那些後果嚴重的重大冤假錯案，更要抓緊，限期解決，必須在各種宗教中培養一大批熱愛祖國，接受黨和政府的領導，堅持走社會主義道路，維護祖國統一和民族統一和民族團結，又有宗教學識，並能聯繫信教群眾的代表人物，

還必須根據宗教界人士的不同情況和特長，分別組織他們參加力所能及的生產勞動、社會服務、宗教學術研究，愛國的社會政治活動和國際友好往來，以調動他們的積極因素為社會主義現代化建設事業服務。

在世界觀上，馬克思主義同任何有神論都是對立的；但是在政治行動上，馬克思主義和愛國的宗教信徒卻完全可以而且必須結成為社會主義現代化建設共同奮鬥的統一戰線。這種統一戰線，應當成為黨在社會主義時期所領導的規模廣大的愛國統一戰線的一個重要的組成部分。

(四)合理安排宗教活動的場所，是落實黨的宗教政策，使宗教活動正常化的重要物質條件。經政府主管部門批准，寺觀教堂還可以經售一定數量的宗教書刊、宗教用品和宗教藝術品。關於基督教徒在家裡聚會舉行宗教活動，原則上不應允許，但也不要硬性制止，而應經過愛國宗教人員進行工作，說服信教群眾，另作適當安排。

一切宗教活動場所，都在政府宗教事務部門的行政領導之下，由宗教組織和宗教職業人員負責管理。對於宗教活動的時間、規模和次數，宗教組織應當加以安排，避免妨礙社會秩序、生產秩序和工作秩序。任何人都不應該到宗教場所進行無神論的宣傳，或者在信教群眾中發動有神還是無神的辯論；但是任何宗教組織和教徒也不應當在宗教活動場所以外佈道、傳教，宣傳有神論，或者散發宗教傳單和其他未經政府主管部門批准出版發行的宗教書刊。

(五)充分發揮愛國宗教組織的作用，是落實宗教政策，

使宗教活動正常化的重要組織保證。全國性愛國宗教組織共有八個，即中國佛教協會、中國道教協會、中國伊斯蘭教協會、中國天主教愛國會、中國天主教教務委員會、中國天主教主教團、中國基督教「三自」愛國運動委員會和中國基督教協會。此外還有若干宗教性社會團體和地方組織。各級愛國宗教組織的基本任務，是協助黨和政府貫徹執行宗教信仰自由的政策，幫助廣大信教群眾和宗教界人士不斷提高愛國主義和社會主義的覺悟，代表宗教界的合法權益，組織正常的宗教活動，辦好教務。一切愛國宗教組織都應當接受黨和政府的領導，黨和政府的幹部也應當善於支持和幫助宗教組織自己解決自己的問題，而不要包辦代替。只有這樣，才能充分發揮愛國宗教組織的積極性和應有的作用，使它們在憲法和法律的範圍內主動地開展有益的工作，真正成爲有積極影響的宗教團體，成爲黨和政府爭取、團結和教育宗教界人士的橋樑。

此外，爲了妥善解決各種宗教實行自辦自養的所需經費，還必須認真落實有關各種宗教的房屋和房租收入的政策規定。至於教徒的捐獻和佈施，凡屬自願少量捐助的，不必加以干涉；但是應當說服宗教職業人員不得私人佔有寺觀教堂的宗教收入，並且禁止任何攤派勒捐的行爲。

(六)有計劃的培養和教育年輕一代的愛國宗教職業人員，對我國宗教組織的將來面貌具有決定的意義。

一切年輕的宗教職業人員，都要不斷提高愛國主義和社會主義的覺悟，努力提高文化水平和宗教學識，忠實地

執行黨的宗教政策。他們應當尊重一切正直的愛國的年老宗教職業人員，認真學習這些老年宗教職業人員的長處；而一切正直的愛國的年老宗教職業人員，也應當愛護年輕的宗教職業人員這樣，年輕的愛國宗教職業人員，同原有的宗教界愛國進步份子相結合，將成為在我們黨領導下，保證我國宗教組織按照正確方向活動的骨幹力量。

(七)我們黨宣布和實行宗教信仰自由的政策，這當然不是說共產黨可以自由信奉宗教。黨的宗教信仰自由的政策，是對我國公民來說的，並不適用於共產黨員。一個共產黨員，不同於一般公民，而是馬克思主義政黨的成員，毫無疑問地應當是無神論者，而不應當是有神論者。我們立場，或者陽奉陰違，那就應當堅決地把他們清除出黨；有違法犯罪行為的，還應當追究法律責任。

在基本上全民信教的少數民族當中，生活在基層的共產黨員，即使已經擺脫宗教信仰，但是如果拒絕參加任何含有某些宗教色彩和傳統的婚喪儀式和群眾性節日活動，則勢必脫離群眾，把自己孤立起來。因此，在這些民族中執行共產黨員不參加宗教活動的規定時，也應當按照具體情況，區別對待，以利於聯繫群眾。這些民族中的許多傳統婚喪儀式和群眾性節日活動，雖然含有某些宗教色彩和宗教傳統，但是實質上已經成為民族風俗習慣的組成部分。我們的同志，特別是生活在基層的共產黨員，既要在思想上同宗教信仰劃清界限，又要在生活中適當尊重和隨順民族的風俗習慣。這當然不是說，對於那些不利於群眾生產、

生活和身心健康的風俗習慣，也不應當依據本民族大多數人的意願，進行適當的改革；但是不加分析地把民族風習同宗教活動混為一談，是不妥當的，是不利於民族團結和正確處理宗教問題的。

全黨同志應當深刻認識，我國是一個多民族的社會主義國家。在宗教同民族的關係問題上，各個民族和各種宗教有不同的情況。有些少數民族基本上全民信仰某一種宗教，如伊斯蘭教和喇嘛教，那裡的宗教問題和民族問題往往交織在一起；但在漢族中，佛教、道教、天主教和基督教則同民族問題基本上沒有聯繫。因此，我們一定要善於具體地分析各個民族和各種宗教的不同情況，善於體察民族問題與宗教問題的區別和聯繫，並且正確地加以處理。一定要警惕和反對任何利用宗教狂熱來分裂人民，破壞各民族之間團結的言論和行動。在領導中國這樣一個多民族大國進行社會主義現代化建設的偉大鬥爭中，我們黨如果不能清醒而又堅定地掌握這一方面的問題，我們就不能很好地團結各民族人民共同前進。

(八)在我國宗教中佔有重要地位的佛教、伊斯蘭教、天主教和基督教，同時也是在國際上佔有重要地位的幾大宗教。天主教、基督教在歐洲、北美、拉丁美洲和其他地區，佛教在日本和東南亞，伊斯蘭教在亞非幾十個國家中，都有廣泛的社會影響，其中有的還在一些國家中被奉為國教。當前，隨著我國國際交往的日益擴大，宗教界的對外聯繫也日益發展，對於擴大我國的政治影響具有重要的意義。

但是與此同時，國際宗教反動勢力，特別是帝國主義宗教勢力，包括羅馬教廷和基督教的「集會」，也力圖利用各種機會，進行滲透活動，「重返中國大陸」。我們的方針，就是既要積極開展宗教方面的國際友好往來，又要堅決抵制外國宗教中的一切敵對勢力的滲透。

(九)加強黨的領導，是處理好宗教問題的根本保證。黨對宗教的工作是黨的統戰工作和群眾工作的重要組成部分，涉及社會生活的方面。這就要求我們各級黨委，一定要有力地指導和組織一切有關部門，包括統戰部門，宗教事務部門，民族事務部門，政法部門，宣傳、文化、教育、科技、衛生部門，以及工會、共青團、婦聯等人民團體，統一思想，統一認識，統一政策，並且分工負責，密切配合，把這項重要工作切實地掌握起來，堅持不懈地認真做好。

必須健全和加強政府主管宗教事務的機構，並且使一切從事這一方面的幹部，系統地學習馬克思主義關於宗教的理論，深入地理解黨對宗教問題的基本觀點和基本政策，密切地聯繫信教群眾，同宗教界人士平等協商、合作共事。

用馬克思主義立場、觀點、方法對宗教問題進行科學研究，是黨的理論工作的一個重要組成部分。用馬克思主義哲學批判唯心論(包括有神論)，向人民群眾特別是廣大青少年進行辯證唯物論和歷史唯物論的科學世界觀(包括無神論)的教育，加強有關自然現象、社會進化和人的生老病死、吉凶禍福的科學文化知識的宣傳，是黨在宣傳戰線上的重

要任務之一。建設一支用馬克思主義武裝起來的宗教理論研究工作隊伍，努力辦好用馬克思主義研究宗教問題的研究機構和大學有關專業，是黨的理論隊伍建設的一個不可缺少的重要方面。當然，在報刊上公開發表涉及宗教問題的文章，要採取慎重態度，不要違背現行宗教政策，傷害信教群眾的宗教感情。學術界要尊重宗教界的思想信仰，宗教界也要尊重學術界對於馬克思主義的宗教理論的研究和宣傳活動。

　　中央再一次地強調指出，全黨同志一定要清醒地理解，黨的宗教政策，決不是臨時性的權宜之計，而是建立在馬克思列寧主義、毛澤東思想的科學理論基礎之上的，以團結全國各族人民共同建設社會主義現代化強國為目標的戰略規定。在社會主義條件下，解決宗教問題的唯一正確的根本途徑，只能是在保障宗教信仰自由的前提下，通過社會主義的經濟、文化和科學技術事業的逐步發展，通過社會主義物質文明和精神文明的逐步發展，逐步地消除宗教得以存在的社會根源和認識根源。這樣一個偉大事業，當然不是短時間內，也不是一代、兩代、三代人的時間內，所能成就的。這就是說，只有經過很長的歷史時期，經過若干代人，包括廣大信教和不信教的人民群眾的共同奮鬥，才能成就。到那時候，中國人民將在中國這塊土地上，徹底地擺脫任何貧窮、愚昧和精神空虛的狀態，而造成一個物質文明和精神文明高度發達的，站在人類前列的光明世界。到那時候，我們國家的絕大多數公民，都將能夠自覺

地以科學的態度對待世界，對待人生，而再也不需要向虛
幻的神的世界去尋求精神的寄託。這就是馬克思、恩格斯
所說的全部社會生活都處於人的有意識有計劃的控制之
下，擺脫一切異己力量支配的時代，也就是毛澤東同志所
說的人們自覺地改造自己和改造世界的時代。只有進入這
樣的時代，現實世界的各種宗教反映才會最後消失。我們
全黨要一代接著一代地，爲實現這個光輝前景而努力奮鬥。

　　(中共中央一九八二年三月三十一日中發[一九八二]一
九號)

附錄二

中共《關於進一步做好宗教
工作若干問題的通知》

　　黨的十一屆三中全會以來，在各級黨委、政府和愛國
宗教團體的共同努力下，黨的宗教政策逐步得到貫徹落實，
宗教工作取得了顯著成績。開放和安排了宗教活動場所，
恢復和建立了愛國宗教團體，公民宗教信仰自由的權利、
正常的宗教活動和宗教團體的合法權益受到法律和政策的
保護，依法處理了利用宗教進行的違法犯罪活動，宗教活
動在大多數地區是正常的。宗教界人士的愛國主義、社會
主義覺悟有了提高，他們擁護中國共產黨的領導和社會主
義制度，積極協助黨和政府貫徹宗教政策，在維護社會穩
定和民族團結、促進祖國統一、開展國際友好往來等方面，
做了大量有益的工作。黨領導的各民族宗教界愛國統一戰
線進一步鞏固和壯大，各民族信教群眾積極參加社會主義
物質文明和精神文明建設。實踐證明，黨和政府的宗教政
策是正確的，宗教工作總的形勢是好的。但是必須看到，
境外敵對勢力一直利用宗教作為其推行「和平演變」戰略
的一個重要手段，不斷對我進行滲透和破壞活動。民族分
裂主義份子也利用宗教煽動騷亂鬧事，攻擊黨的領導和社
會主義制度，破壞祖國統一和民族團結。有的地方少數敵

對份子活動猖獗,建立非法組織,同我們爭奪寺觀教堂領導權;有的非法開辦經文學校、修院、神學院,同我們爭奪青少年。有的寺廟恢復了被廢除的宗教封建特權和壓迫剝削,一些基層出現利用宗教干預國家行政、干預司法、干預學校教育的情況。同時也必須看到,在貫徹執行宗教信仰自由政策方面還存在不少問題,有的地方侵犯公民宗教信仰自由的權利,侵犯寺觀教堂的合法權益,干涉宗教團體正常的教務活動,應該退還的宗教房屋和寺觀教堂長期得不到解決。因宗教問題或對宗教問題處理失當引發的社會矛盾時有發生。各級黨委和政府必須清醒地認識到這些問題的複雜性和嚴重性,高度重視宗教工作。

正確對待和處理宗教問題,是我國社會主義建設事業中的一個重要課題,是建設有中國特色的社會主義的一個重要內容。做好宗教工作,對於維護社會穩定、增進民族團結、促進祖國統一和四化建設都有著不容忽視的重要意義。《中共中央關於我國社會主義時期宗教問題的基本觀點和基本政策》(中發[一九八二]十九號)是指導宗教工作的重要文件,要繼續認真貫徹執行。要保持宗教政策的連續性和穩定性。今後一個時期,黨和政府對宗教的工作的基本任務是:認真貫徹黨的宗教政策,維護公民宗教信仰自由的權利,加強對信教群眾和宗教界人士的愛國主義和社會主義教育,調動他們的積極因素,支持他們展開有益的工作,鞏固和發展同宗教界的愛國統一戰線,依法對宗教事務進行管理,制止和打擊利用宗教進行違法犯罪活動,

堅決抵制境外宗教敵對勢力的滲透活動，爲維護穩定、增進團結、統一祖國、振興中華服務。現就進一步做好宗教工作的若干問題通知如下：

一、全面正確地貫徹執行宗教信仰自由政策

尊重和保護宗教信仰自由，是黨和國家對待宗教問題的一項長期的基本政策。宗教信仰自由是憲法賦予公民的一項權利。公民有信仰宗教的自由，也有不信仰宗教的自由，任何國家機關、社會團體和個人不得強制公民信仰宗教或不信仰宗教，不得歧視信仰宗教的公民和不信仰宗教的公民。宗教活動必須在法律和政策範圍內進行，國家保護正常的宗教活動。公民在行使宗教信仰自由權利的同時，必須履行自己的義務。任何人不得利用宗教反對黨的領導和社會主義制度，危害國家統一、社會穩定和民族團結，不得損害社會、集體的利益，妨害其他公民的合法權利。任何人不得利用宗教干預國家行政、司法、學校教育和社會公共教育，不得利用宗教進行妨礙義務教育實施的活動，不得恢復已被廢除的宗教封建特權和壓迫剝削制度。信教和不信教的群眾之間、信仰不同宗教和不同教派的群眾之間，都要彼此尊重，相互團結。在多數群眾不信教的地方要注意尊重和保護少數信教群眾的權利，在多數群眾信教的地方要注意尊重和保護少數不信教群眾的權利，使信教群眾和不信教群眾團結起來，共同致力於社會主義現代化

建設事業。

　貫徹執行宗教信仰自由政策，要堅決糾正侵犯公民宗教信仰自由的權利和宗教界合法權益的現象。在宗教活動場所過少的地方，要解決好正常宗教活動所必須的場所，要妥善處理歷史遺留的宗教房屋問題，以有利於團結廣大信教群眾，有利於國家和社會的穩定。

二、依法對宗教事務進行管理

　依法對宗教事務進行管理，是指政府對有關宗教的法律、法規和政策的貫徹實施進行行政管理和監督。政府依法保護宗教團體和寺觀教堂的合法權益，保護宗教教職人員履行正常的教務活動，保護信教群眾正常的宗教活動，防止和制止不法份子利用宗教和宗教活動製造混亂、違法犯罪，抵制境外敵對勢力利用宗教進行滲透。對宗教事務進行管理，是為了使宗教活動納入法律、法規和政策的範圍，不是去干預正常的宗教活動和宗教團體的內部事務。

　一切宗教活動場所都應依法登記(具體辦法另行規定)。經過登記的宗教活動場所受法律保護，在政府宗教事務部門的行政領導下，由愛國宗教團體和宗教教職人員按照民主管理的原則負責管理。開放新的宗教活動場所，須經縣以上人民政府批准。堅決制止自封傳道人的傳教佈道活動以及其他各種非法傳教活動。依法取締非法開辦的經文學校和修院、神學院。

我國宗教團體和宗教事務要堅持獨立自主自辦教會的
原則，不受境外勢力的支配。應在平等友好的基礎上積極
地正確地開展宗教方面的對外交往，堅決抵制境外宗教敵
對勢力控制我國宗教的企圖。不允許任何境外宗教團體和
個人干預我國宗教事務，在我國設立辦事機構，建立寺觀
教堂，進行傳教活動。對來自境外的宗教書刊、音像製品
和其他宣傳品，由政府有關部門制定管理辦法，加強管理；
凡有煽動反對四項基本原則、反對政府等反動內容的，要
依法收繳。任何人不得接受來自境外的、以滲透為目的的
宗教津貼和傳教經費。我宗教團體和寺觀教堂接受境外宗
教組織和宗教徒的大宗捐贈，要經省一級人民政府或國務
院宗教事務局批准，重大涉外活動，需報國務院審批。非
宗教團體邀請或接待有宗教背景的各種團體和有重要影響
的宗教人士來訪、旅遊，要向宗教事務部門通報。經貿、
科技、文化、教育、衛生、體育、旅遊等部門對外開展交
流與合作，涉及境外宗教組織及其附屬機構或個人，簽訂
有關合作項目，不得帶有傳教、設立宗教機構、建立寺觀
教堂等宗教內容的條件。

　　要加快宗教立法工作。國務院宗教事務局應抓緊起草
有關宗教事務的行政法規。各省、自治區、直轄市也可根
據國家的有關法律和法規，結合當地實際情況，制定地方
性的有關宗教事務的行政法規。

　　基層人民政權要加強對宗教工作的領導，認真貫徹黨
和國家的宗教政策，幫助宗教教職人員和信教群眾管好宗

教活動場所，依法進行宗教活動。

三、充分發揮愛國宗教團體的作用

愛國宗教團體是黨和政府團結、教育宗教界人士的橋樑。充分發揮愛國宗教團體的作用，是貫徹執行好黨的宗教政策，使宗教活動正常化的重要組織保證。要切實改變一些地方發揮愛國宗教團體作用不夠的現象，支持和幫助他們加強自身建設，按照自身的特點和規章自主地展開活動，充分調動他們的積極性。要鼓勵和支持他們辦好以自養為目的的生產、服務和社會公益事業。要幫助他們解決辦公用房、經費以及一些地方教職人員生活方面存在的困難，為他們開展工作創造必要的條件。一切愛國宗教團體都應當接受黨和政府的領導，遵守國家法律，發揚自我教育的傳統，經常對教職人員進行愛國主義、社會主義、時事政策、國家法律、法規等教育，不斷提高維護國家和民族利益，堅持獨立自主自辦原則的自覺性。

我國宗教界人士的絕大多數是愛國守法的，他們同黨和政府長期合作，是維護國家和社會穩定，聯繫信教群眾，辦好教務的重要力量。各級黨政領導機關要經常聽取愛國宗教團體和宗教界人士的意見和建議，涉及宗教方面的重大問題，要同他們充分協商。要支持和幫助愛國宗教團體辦好宗教院校，有計劃、有組織地培養一支熱愛祖國、接受黨的領導、堅持走社會主義道路、維護祖國統一和民族

團結、有宗教學識、並能聯繫信教群眾的宗教教職人員隊伍。當前，要加強對寺觀教堂和其他宗教活動點主持人的培訓。

四、堅決打擊利用宗教進行的犯罪活動

在依法保護公民宗教信仰自由權利和正常宗教活動的同時，必須依法堅決打擊利用宗教進行破壞活動的反革命份子和其他刑事犯罪份子。各級公安部門要採取有力措施，堅決制止借宗教問題煽動群眾鬧事，擾亂社會治安，破壞國家統一和民族團結。對觸犯刑律的要依法處理，對勾結境外敵對勢力、危害國家安全的首惡份子，要從嚴懲辦。對非法宗教組織要堅決取締。對從事違法活動的宗教場所，情節輕微的要批評教育，限期改正；屢教不改或情節嚴重的要依法處理。

在工作中要嚴格區分和正確處理兩類不同性質的矛盾，正確掌握政策，團結和依靠宗教界愛國力量，分化、瓦解敵對勢力，把受他們影響、控制的群眾爭取團結過來，把少數首要份子孤立起來。

國家司法部門對於懲治利用宗教進行犯罪活動要依法作出司法解釋。公檢法要相互協調，依法打擊犯罪活動。

五、健全宗教工作機構，加強宗教工作幹部隊伍建設

為進一步做好宗教工作，要健全政府宗教工作機構。省(自治區、直轄市)、市(地、州)和宗教工作任務繁重的縣(區)，政府應設立宗教工作機構，列入政府序列。一般縣(區)已設立宗教工作機構的，應予保留，沒有設立宗教工作機構的，可與有關部門合署辦公，配備專職幹部。有宗教工作任務的鄉鎮要有人分管宗教工作，任務重的要配備專職幹部。

要十分重視宗教工作幹部的培訓，不斷提高他們的素質。宗教工作幹部要充分認識所從事的工作的意義和責任，認真學習馬克思主義哲學和宗教理論、黨的方針政策，熟悉有關法律，掌握宗教工作的知識，善於團結宗教界人士和信教群眾，使自己逐漸成為具備良好的政治素質、優良的工作作風和較高專業知識的宗教工作幹部。各級黨委和政府要在政治上、工作上、生活上關心宗教工作幹部。

六、加強黨對宗教工作的領導

黨對宗教工作的領導，主要是政治領導，掌握政治方向和重大方針政策。各級黨委和政府要把宗教列入議事日程，定期研究分析宗教工作形勢，認真檢查宗教政策貫徹落實情況，及時解決存在的問題，動員全黨、各級政府和

社會各方面進一步重視、關心和做好宗教工作，使宗教同社會主義社會相適應。

各級黨政負責同志和黨委統戰部門要做好宗教界代表人士的工作，加強同他們的聯繫，介紹黨的方針政策，通報有關情況，虛心聽取他們的意見，幫助他們解決工作中的問題。

各級黨委和政府要加強思想政治工作，指導宣傳部門向廣大群眾進行愛國主義、社會主義和民族團結的教育。積極向人民群眾特別是廣大青少年進行辯證唯物主義和歷史唯物主義(包括無神論)的教育，培養廣大青少年成為有理想、有道德、有文化、有紀律的一代新人。要指導和幫助工會、共青團、婦聯積極開展各種健康有益的活動，關心和幫助職工、青年、婦女解決工作和生活中遇到的困難，教育他們正確對待生老病死、吉凶禍福等問題，樹立科學的世界觀和人生觀。出版涉及宗教的作品，既不允許違背黨和國家的宗教政策，傷害信教群眾的宗教感情，也不允許利用宗教歪曲歷史，損害國家統一和民族團結。

共產黨員不得信仰宗教，不得參加宗教活動。對參加宗教活動的黨員要耐心進行教育，幫助他們樹立正確的世界觀，劃清無神論和有神論的界限，堅定共產主義信念；對堅持不改的要勸其退黨。對那些參與煽動宗教狂熱、支持濫建寺觀教堂的，要嚴肅地進行批評教育，經教育仍不悔改的要開除黨籍。在那些基本上是全民信教的少數民族地區，生活在基層的共產黨員參加某些帶有宗教色彩，屬

於民族傳統的群眾性活動問題，按中央有關規定執行。

　　各地黨委和政府接到本通知後，要在全面檢查執行宗教政策的基礎上，認真總結近年來處理宗教問題的經驗教訓，結合本地區的實際情況，制定具體措施，認真貫徹執行。各省、自治區、直轄市黨委和政府應將檢查總結情況，向中央、國務院寫出書面報告。

　　（中共中央一九九一年二月五日中發[一九九一]六號）

附錄三

《監督寺廟條例》
(民國十八年十二月七日公佈施行)

第一條：凡有僧道住持之宗教上建築物不論用何名稱均爲
寺廟。

第二條：寺廟及其財產法物除法律別有規定外，依本條例
監督之。

前項法物謂於宗教上、歷史上、美術上有關係之佛
像、神像、禮器、樂器、法器、經典、雕刻、繪
畫及其他向由寺廟保存之一切古物。

第三條：寺廟屬於左列各款之一者不適用本條例之規定。

一、由政府機關管理者。

二、由地方公共團體管理者。

三、由私人建立並管理者。

第四條：荒廢之寺廟由地方自治團體管理之。

第五條：寺廟財產及法物應向該管地方官署呈請登記。

第六條：寺廟財產及法物爲寺廟所有由住持管理之。

寺廟有管理權之僧道不論用何名稱認爲住持，但非
中華民國人民不得爲住持。

第七條：住持於宣揚教義修持戒律及其他正當開支外，不
得動用寺廟財產之收入。

第八條：寺廟之不動產及法物非經所屬教會之決議並呈請
　　　　該管官署許可不得處分或變更。

第九條：寺廟收支款項及所興辦事業住持應於每半年終報
　　　　告該管官署並公告之。

第十條：寺廟應按其財產情形興辦公益或慈善事業。

第十一條：違反本條例第五條、第六條或第十條之規定；
　　　　　該管官署得革除其住持之職，違反第七條或第
　　　　　八條之規定者得逐出寺廟或送法院究辦。

第十二條：本條例於西藏、西康、蒙古、青海之寺廟不適
　　　　　用之。

第十三條：本條例自公佈日施行。

《宗教團體法草案》初稿
(民國八十七年九月公佈)

第一章　總則

第一條　爲維護宗教信仰自由，輔導宗教事業發展及建立
　　　　宗教行政法制，特訂定本法。
　　　　宗教團體之組織與活動，依本法之規定，本法未
　　　　規定者，適用其他法令之規定。

第二條　本法之主管機關：在中央爲內政部；在省(市)爲省
　　　　(市)政府民政聽(局)；在縣(市)爲縣(市)政府。

第三條　依本法完成許可設立之宗教團體爲公益法人。

第四條　本法所稱宗教團體分爲下列三類：
　　　　一、寺廟、教會、教堂。
　　　　二、宗教社會團體。
　　　　三、宗教基金會。

第五條　在同一行政區域內，除法律另有限制外，得組織
　　　　二個以上同級同類之宗教團體，但其名稱不得相
　　　　同。

第二章　寺廟、教會、教堂

第六條　寺廟、教會、教堂之籌設，應由發起人檢具申請
　　　　書、章程及其他依法應備表件，向直轄市或縣(市)
　　　　主管機關申請許可。

　　　　前項發起人之名額不得少於十人。

第七條　寺廟、教會、教堂之發起人或代表人須年滿二十
　　　　歲，且無下列情事者為限：

　　　　一、因犯罪判處有期徒刑以上之刑確定，尚未執
　　　　　　行或執行未畢者。但受緩刑宣告者，不在此
　　　　　　限。

　　　　二、受保安處分或感訓處分之裁判確定，尚未執
　　　　　　行或執行未畢者。

　　　　三、褫奪公權尚未復權者。

　　　　四、受破產之宣告，尚未復權者。

　　　　五、受禁治產之宣告，尚未復權者。

第八條　寺廟、教會、教堂經准其籌設後，應於六個月內
　　　　召開發起人會議，推選籌備委員，組織籌備會，
　　　　並於興建完成，取得使用執照後，六個月內召開
　　　　成立大會。但寺廟、教會、教堂屬新建者，應於
　　　　興建完成後六個月內召開籌備會。

　　　　前項召開發起人會議及成立大會，因故不能召開
　　　　時，均得展延一次，其展延期限一前項規定。

　　　　籌備會議及成立大會，應通知主管機關，主管機

關得派員列席。

第九條　寺廟、教會、教堂應於成立大會後三十日內檢具
　　　　章程、選任職員簡歷冊，報請主管機關許可設立，
　　　　並發給法人證書及圖記。

第十條　寺廟、教會、教堂之章程，應載明下列事項：

　　　　一、名稱。

　　　　二、目的。

　　　　三、管理組織及其管理方法。

　　　　四、法人之主事務所及分事務所所在地。

　　　　五、業務項目。

　　　　六、財產之種類、數額、保管運用方法及其不動
　　　　　　產處分或設定負擔之程序。

　　　　七、法人代表人之產生方式、任期、任期屆滿之
　　　　　　改選及任期屆滿代表人不辦理改選之處理方
　　　　　　式。

　　　　八、會議。

　　　　九、經費及會計。

　　　　十、章程修改之程序。

　　　　十一、解散後賸餘財產之歸屬。

第十一條　寺廟、教會、教堂以章程定其最高權力機構或
　　　　　執行機構。
　　　　　前項最高權力機構或執行機構，其成員之名額
　　　　　不得少於五人。

第十二條　寺廟、教會、教堂最高權力機構或執行機構會

議，分定期會議與臨時會議兩種，由法人代表
人召集之。

定期會議每年召集二次。

臨時會議於法人代表人認爲必要，或經最高權
力機構或執行機構成員五分之一以上請求時，
召集之。

法人代表人未依章程規定召集定期會議或前項
臨時會議未於一個月內召集者，得由最高權力
機構或執行機構成員逾二分之一推舉代表，召
集之。

第三章　宗教社會團體

第十三條　宗教社會團體係指以推展宗教爲目的，由個人
　　　　　或團體組成之社會團體。

　　　　　宗教社會團體分全國、省(市)、縣(市)等三類。

　　　　　前項宗教社會團體由團體所組成者，其組成團
　　　　　體不得低於三十個；個人所組成者，其組成人
　　　　　數不得低於一百人。

第十四條　宗教社會團體之籌設，應由發起人檢具申請書、
　　　　　章程及其他依法應備表件，向主管機關申請許
　　　　　可。

第十五條　宗教社會團體之發起人或負責人須年滿二十
　　　　　歲，且無下列情事者爲限：

　　　　　一、因犯罪判處有期徒刑以上之刑確定，尙未

　　　　　　執行或執行未畢者。但受緩刑宣告者，不
　　　　　　在此限。
　　　　二、受保安處分或感訓處分之裁判確定，尚未
　　　　　　執行或執行未畢者。
　　　　三、褫奪公權尚未復權者。
　　　　四、受破產之宣告，尚未復權者。
　　　　五、受禁治產之宣告，尚未復權者。
第十六條　宗教社會團體經准其籌設後，應於六個月內召
　　　　　開發起人會議，推選籌備委員，組織籌備會，
　　　　　籌備完成後，應於三個月內召開成立大會。
　　　　　前項召開發起人會議及成立大會，因故不能召
　　　　　開時，均得展延一次，其展延期限依前項規定。
　　　　　籌備會議及成立大會，應通知主管機關，主管
　　　　　機關得派員列席。
第十七條　宗教社會團體應於成立大會後三十日內檢具章
　　　　　程、選任職員簡歷冊，報請主管機關許可設立，
　　　　　並發給法人證書及圖記。
第十八條　宗教社會團體章程應載明下列事項：
　　　　一、名稱。
　　　　二、宗旨。
　　　　三、組織區域。
　　　　四、會址。
　　　　五、任務。
　　　　六、組織。

七、會員之權利與義務。

八、會員入會、出會與除名。

九、會員代表及理事、監事之名額、職權、任期及選任與解任。

十、會議。

十一、經費及會計。

十二、章程修改之程序。

十三、其他依法令規定應載明之事項。

第十九條　宗教社會團體之設立及管理，本法未規定者，人民團體法社會 團體相關規定，準用之。

第四章　宗教基金會

第二十條　宗教基金會係指以特定金額之基金為設立基礎，並以推展宗教為目的所組成之團體。

前項宗教基金會之設立，分為全國、省(市)、縣(市)等三類，其基金數額由各該主管機關定之。

第二十一條　宗教基金會之籌設，應由捐助人檢具申請書、章程及其他依法應備表件，向主管機關申請許可。

宗教基金會章程應載明之事項，準用第十條之規定。

第二十二條　宗教基金會之管理，以董事會為執行機構。

前項執行機構之組織，其成員之名額、職權、

任期及選任與解任，以章程定之，並報主管機
關核定。

第五章　財產

第二十三條　宗教團體之財產爲該團體所有，由該團體章程
　　　　　　所定有權管理之人管理之，並向主管機關辦理
　　　　　　登記。
第二十四條　宗教團體之財產及基金之管理，應受主管機關
　　　　　　之監督。
　　　　　　宗教團體之不動產，非經主管機關之許可，不
　　　　　　得處分、變更或設定負擔。
　　　　　　宗教團體對其使用之不動產有優先購買權。但
　　　　　　該土地爲公有非公用者，得以公告現值價購
　　　　　　之。
第二十五條　宗教團體得按其章程所定目的及財產情形興辦
　　　　　　公益、慈善事業或其他社會福利事業。
第二十六條　宗教團體之會計制度，採權責發生制，應設置
　　　　　　帳簿，詳細記錄有關會計事項，並於使用前經
　　　　　　稅捐稽徵機關驗印。但由會計師簽證者，不在
　　　　　　此限。
第二十七條　宗教團體應於年度開始前三個月，檢具年度預
　　　　　　算書及業務計畫書；於年度終了後三個月內，
　　　　　　檢具年度決算書及業務執行書，報主管機關備
　　　　　　查。

主管機關爲瞭解宗教團體之狀況，得隨時通知其提出業務及財務報告，並派員查核之。

第二十八條　宗教團體爲興辦公益、慈善事業或其他社會福利事業，得以宗教團體名義接受各界捐款。但所得捐款之運用應符合設立宗旨。

前項宗教團體接受捐款所得，免徵所得稅。

第二十九條　私人贈與宗教團體專供宗教、公益、慈善事業或其他社會福利事業等使用之土地，免徵土地增值稅及贈與稅。

第六章　宗教建築物

第三十條　宗教建築物應獨立供宗教目的使用。但爲社會發展之需要，經主管機關許可者，得爲多目標使用。

前項宗教建築物係指寺廟、教會、教堂提供宗教所使用，並以宗教活動用途依法核發使用執照之獨立建築物。

第三十一條　宗教建築物之型式，除需符合建築法、消防法等相關法規之規定外，由各該宗教團體定之。

第三十二條　宗教團體於不妨礙公共安全、環境安寧及不違反建築或土地使用法令之範圍內，經主管機關之許可，得以區分所有建築物之一部分爲宗教建築物。

第七章 解散

第三十三條 宗教團體有下列各款情形之一者，主管機關得
命其依法解散：

一、違反法令，顯有害公共秩序或善良風俗者。

二、顯有違反設立目的之行為，經主管機關通
知限期改善，逾期未改善者。

三、章程所定解散事由發生者。

前項主管機關命宗教團體解散前，應經宗
教審議委員會議決之；宗教審議委員會之
組織規程另定之。

第三十四條 宗教團體之解散，除本法另有規定者外，於清
償債務後，其賸餘財產之歸屬應依其章程之規
定。但不得歸屬於自然人或以營利為目的之團
體。

宗教團體章程未明定其解散後賸餘財產之歸屬
者，其賸餘財產屬於該宗教團體所在地之地方
自治團體。

第八章 罰則

第三十五條 宗教團體違反第二十七條規定者，主管機關得
警告於一個月內陳報之；逾期仍未陳報者，得
處新臺幣五萬元以上，十萬元以下之罰鍰，並
得連續處以罰鍰至改善為止。

第三十六條　宗教團體接受捐款所得違反第二十八條規定
　　　　　　者，主管機關得命令其停止接受捐款。但其期
　　　　　　限最長爲三年。
　　　　　　違反前項規定，情節重大者，主管機關得撤銷
　　　　　　其登記，並由稅捐稽徵機關追繳所得稅。
第三十七條　宗教團體進行宗教活動，有製造噪音、妨礙安
　　　　　　寧、污染環境、占用公共設施、涉及醫療配藥
　　　　　　或開牌等行爲者，除依相關法律規定處罰外，
　　　　　　並得由主管機關處新臺幣三萬元以上，十五萬
　　　　　　元以下之罰鍰。
第三十八條　宗教團體以區分所有建築物之一部分爲宗教建
　　　　　　築物者，如有違反公共安全、環境安寧或違反
　　　　　　建築、土地使用法令之情形時，目的事業主管
　　　　　　機關應通知其改善；逾期未改善者，目的事業
　　　　　　主管機關得通知建築主管機關撤銷其宗教建築
　　　　　　之使用許可。
第三十九條　未依本法申請許可設立之宗教團體或供奉神佛
　　　　　　之場所，違反第四十二條規定者，主管機關對
　　　　　　該宗教團體或該場所之負責人，得處其接受捐
　　　　　　贈數額一倍至三倍之罰鍰。

第九章　附則

第四十條　　宗教團體經主管機關之許可，得設立宗教教義
　　　　　　研修機構。

前項宗教教義研修機構對外招收學生及授予學位，應經教育主管機關依相關法律核准立案後，始得為之。

違反前項規定者，除依相關法律處罰外，主管機關得撤銷該宗教教義研修機構之許可。

第四十一條　宗教團體為供奉已故傳教人員、登記有案之信徒或其三親等內家屬之骨骸，得附設納骨塔，該納骨塔視為宗教建築物。但在本法施行前已供奉塔內之骨骸，不在此限。

宗教團體不得以附設之納骨塔從事營利行為；違反規定者，該納骨塔不得視為宗教建築物。

本法施行前，宗教團體附設納骨塔者，自本法施行後，應依第一項辦理。

第四十二條　未依本法申請許可設立之宗教團體或供奉神佛之場所，不得接受信徒或教徒之捐贈。

第四十三條　宗教團體僱用從事宗教行政工作之人員，適用勞動基準法。

第四十四條　本法施行前，已依其他法律登記之宗教團體，視為依本法登記之宗教團體。

前項宗教團體之章程應依本法規定修正，並報主管機關核備後，始得發給法人證書及圖記。

第四十五條　本法自公布日起施行。

宗教政治論　　　　　　　　　　　　Cultural Map 05

作　　　者／葉永文
出 版 者／揚智文化事業股份有限公司
發 行 人／葉忠賢
登 記 證／局版北市業字第 1117 號
地　　　址／台北市新生南路三段 88 號 5 樓之 6
電　　　話／(02)2366-0309　2366-0313
傳　　　真／(02)2366-0310
郵撥帳號／14534976　揚智文化事業股份有限公司
印　　　刷／偉勵彩色印刷股份有限公司
法律顧問／北辰著作權事務所　蕭雄淋律師
初版一刷／2000 年 10 月
定　　　價／新台幣 300 元

南區總經銷／昱泓圖書有限公司
地　　　址／嘉義市通化四街 45 號
電　　　話／(05)231-1949　231-1572
傳　　　真／(05)231-1002

網址：http://www.ycrc.com.tw
E-mail：tn605547@ms6.tisnet.net.tw
　　　＊本書如有缺頁、破損、裝訂錯誤，請寄回更換＊
ISBN：957-818-112-4

國家圖書館出版品預行編目資料

宗教政治論／葉永文著. - - 初版. - -臺北市
：揚智文化，2000〔民 89〕
面： 公分. - -（Cultural map；5）

ISBN 957-818-112-4（平裝）

1. 宗教與政治

200.16   89002689